pfeiffer

Kardinal Ratzinger

Der Erzbischof von München und Freising
in Wort und Bild
Mit dem Beitrag „Aus meinem Leben"

Herausgegeben von Karl Wagner
und Albert Hermann Ruf

Verlag J. Pfeiffer · München

Mitglied der »verlagsgruppe engagement«

Mit kirchlicher Druckerlaubnis
München, den 28. 10. 1977, GV Nr. 6806/77/1a
Dr. Gerhard Gruber, Generalvikar

Druck: Offsetdruck Hablitzel, Dachau
Satz und Buchbinderei: Manz AG, Dillingen/Donau
Farblithos: Kodweiß + Fröhlich
Umschlagentwurf: Wolfgang Taube
Umschlagfotos: Albert Hermann Ruf

ISBN 3-7904-0253-2

Vorwort

Das große, begeisterte Interesse des gläubigen Volkes für den neuen Erzbischof von München und Freising, die Fragen nach seinem bisherigen Werdegang und der glückliche Umstand, daß dem Verlag außergewöhnlich gute Fotos über die Begrüßung, die Bischofsweihe, die Kardinalserhebung und die ersten Amtshandlungen von Erzbischof Dr. Joseph Ratzinger zukamen, waren Anlaß für dieses Buch. Es will den Kardinal in Wort und Bild vorstellen. In einem längeren Gespräch mit Karl Wagner, Redakteur bei der Münchner Katholischen Kirchenzeitung, hat er selbst sein Leben von der Kindheit bis zur Bischofsernennung erzählt. Vom Theologen und Prediger Ratzinger zeugen Texte aus Büchern und Ansprachen. Die ausgezeichneten Fotos von Albert Hermann Ruf wollen die Gläubigen an dem farbigen Leben des neuen Erzbischofs seit Beginn seiner Amtszeit teilnehmen lassen.
Das Buch möchte zu einer tieferen Verbindung zwischen Bischof und Gläubigen beitragen; insbesondere wollen die Texte aus der Feder des Kardinals viele, auch außerhalb des kirchlichen Raumes Stehende, zu seinen Lesern und Hörern machen, um so letzten Endes einem neuen Aufblühen des Lebens aus dem Glauben zu dienen. Möge darüber hinaus das schöne Buch vielen als gern gegebenes und empfangenes Geschenk eine Freude sein.

München, den 4. November 1977

Prälat Joachim Delagera,
Domkapitular

Der Ausfertigung der päpstlichen Ernennungsurkunde geht ein umfangreiches Ermittlungsverfahren voraus. An ihm ist neben Domkapitel, Bischofskonferenz und Nuntius indirekt auch die Staatsregierung beteiligt. Ein bescheidenes Maß an Mitsprache wird seit dem 2. Vatikanischen Konzil über die diözesanen Räte auch dem Bistumsvolk zugestanden.

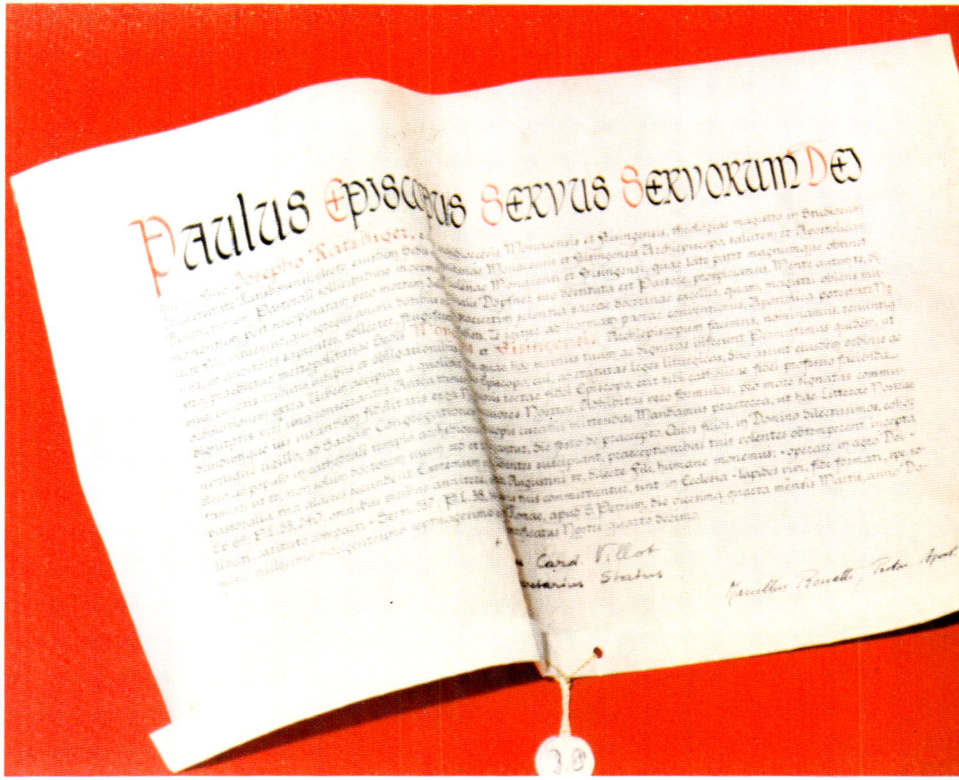

Wortlaut der päpstlichen Ernennungsurkunde

Paulus, Bischof, Knecht der Knechte Gottes entbietet dem geliebten Sohn Joseph Ratzinger aus dem Klerus der Erzdiözese München und Freising, Professor der Theologie an der Universität Regensburg, dem erwählten Erzbischof des Metropolitansitzes von München und Freising Heil und Apostolischen Segen. Unsere Hirtensorge drängt Uns, Uns um die weiterstreckte und bedeutende Kirche von München und Freising, die nach dem unerwarteten Tod von Julius Cardinal Döpfner ihren Hirten verloren hat, zu bekümmern. Im Geist blicken Wir auf Dich, geliebter Sohn: Du bist mit vorzüglichen Geistesgaben ausgestattet, vor allem bist Du ein bedeutender Meister der Theologie, die Du als theologischer Lehrer an Deine Hörer weise, voller Eifer und Frucht weitergegeben hast. Wir bestellen also Dich in Übereinstimmung mit den bestehenden Verträgen kraft

Unserer apostolischen Vollmacht zum Erzbischof des vorgenannten Metropolitansitzes von München und Freising, Wir ernennen und bestimmen Dich dazu und legen Dir alle Rechte und Pflichten auf, die dieses Dein Amt und diese Würde einschließen. Wir gestatten, daß Du die Weihe außerhalb Roms von einem katholischen Bischof empfängst, dem gemäß den liturgischen Normen zwei Mitkonsekranten derselben Würde und Weihestufe assistieren müssen. Vorher mußt Du das Bekenntnis des katholischen Glaubens in Anwesenheit eines rechtgläubigen Bischofs ablegen sowie den Eid der Treue gegenüber Uns und Unserem Nachfolger. Die angewandten Formeln, die in der gewohnten Weise unterzeichnet und durch Siegel bekräftigt sein müssen, wirst Du zu der Hl. Kongregation für die Bischöfe senden lassen. Außerdem ordnen Wir an, daß dieser Unser Brief dem Klerus und dem Volk in der Kathedralkirche Deiner Diözese an einem gebotenen Feiertag vorgelesen werde. Deine im Herrn geliebten Söhne ermahnen Wir, daß sie Dich nicht nur als ihren Lehrer, sondern auch als ihren Leiter gerne annehmen, Deinen Anordnungen willig folgen, Deine pastoralen Unternehmungen tatkräftig unterstützen. Zuletzt ermahnen Wir Dich, lieber Sohn, herzlich mit Worten des heiligen Augustinus: Arbeite auf dem Ackerfeld Gottes; mit allen Kräften mühe Dich darum, daß alle, die Deiner Sorge anvertraut sind, in der Kirche lebendige Steine seien, vom Glauben geformt, in der Hoffnung gefestigt, in der Liebe einander verbunden.
Gegeben zu Rom, bei St. Peter, am 24. März im Jahre des Heiles 1977, im vierzehnten Unseres Pontifikates.

Joannes Card. Villot, Staatssekretär
Marcellus Rossetti, Apost. Protonotar

Vom Lehrstuhl zum Bischofsstuhl

Am 25. März 1977, am Fest der Verkündigung des Herrn, unterzeichnete in Rom Kardinalstaatssekretär Jean Villot jenes Dokument, mit dem Papst Paul VI. seinen „geliebten Sohn Joseph Ratzinger aus dem Klerus der Erzdiözese München und Freising, Professor der Theologie an der Universität Regensburg" als Nachfolger von Kardinal Döpfner zum neuen Erzbischof von München und Freising ernannte. Wer den Symbolgehalt vatikanischer Gesten versteht, entdeckt selbst noch in der Datierung dieser Entscheidung eine theologische Aussage. In der Verkündigung des Herrn und seines Evangeliums besteht die zentrale Aufgabe eines Bischofs.

Als tags darauf zur Mittagszeit die Nachricht über den Äther ging, da läuteten von allen Kirchtürmen im Erzbistum zehn Minuten lang die Glocken: Willkommensgruß an den neuernannten Erzbischof und Ausdruck der Freude des über acht Monate lang verwaisten Bistums. Mit Dr. Joseph Ratzinger erhielt das Münchner Erzbistum ja nicht nur einen international anerkannten Theologen zum neuen Oberhirten. Erstmals nach 80 Jahren hatte Rom wieder einen Altbayern und Priester aus der eigenen Diözese mit dessen Leitung betraut. Bereits wenige Wochen später wurde der neue Münchner Erzbischof in das Kollegium der Kardinäle aufgenommen. Mit dieser Entscheidung unter-

Als Joseph Ratzinger zum Erzbischof von München und Freising ernannt wurde, konnte er auf 25 Jahre theologischer Lehrtätigkeit zurückblicken. Auch als Bischof möchte er nicht ganz von der theologischen Wissenschaft Abschied nehmen. Durch die Ernennung zum Honorarprofessor schuf die Universität Regensburg dafür auch rechtlich eine konkrete Möglichkeit.

Handauflegung und Gebet sind wesentlicher Bestandteil der Bischofsweihe. Sie muß nach geltendem Recht von einem katholischen Bischof und zwei Bischöfen als Mitkonsekratoren erteilt werden, die ihr Amt in Einheit mit Rom ausüben.

strich der Papst nicht nur sein Vertrauen gegenüber dem Münchner Oberhirten, sondern auch den Rang, den man im Vatikan diesem Bischof und seiner Diözese innerhalb der Weltkirche zuerkennt: einen Zuwachs an Bedeutung, der seit den Tagen des Eucharistischen Kongresses von 1960 und zumal in den Münchner Bischofsjahren von Kardinal Döpfner feste Konturen angenommen hatte.

Der Wechsel vom Lehrstuhl auf den Bischofsstuhl fiel dem Theologen Joseph Ratzinger nicht leicht. Das mag auch an seiner theologischen Laufbahn liegen. Der Sohn eines niederbayerischen Gendarmerie-Kommissars und einer Bäckermeisterstochter aus Rimsting war gerade dabei, sein erstes theologisches Semester abzuschließen, da legte man ihm bereits ein Weiterstudium nahe. Nüchterne Daten bestätigen die Richtigkeit dieses Rates: Joseph Ratzinger war bei seiner Promotion zum Doktor der Theologie 26 Jahre alt, habilitierte sich vier Jahre später für Fundamentaltheologie in München und wurde mit 36 Jahren zum Konzilstheologen berufen.

Fiel die Entscheidung zugunsten der neuen Aufgabe auch schwer, so kam sie doch weniger von einer bloß äußerlichen Dienstbereitschaft. Ihre Wurzeln liegen tiefer in der umfassenden Kirchlichkeit eines Theologen, der seine Wissenschaft — bis in die Sprache hinein — nie als bloßes Forschungsobjekt verstand, sondern als Dienst für die pastorale Praxis. Er orientierte sich deshalb nicht nur in der Wortwahl an dem von ihm hochgeschätzten afrikanischen

Am Morgen des 27. Mai überreichte der neue Erzbischof in den Räumen des Bischofshofes das päpstliche Ernennungsschreiben dem Metropolitankapitel und ergriff damit Besitz von der Erzdiözese. Am Vortag leistete er im Prinz-Carl-Palais nach den Bestimmungen des Konkordates den Treueeid auf die Verfassung. Das entsprechende Dokument wurde von Erzbischof Ratzinger, Ministerpräsident Alfons Goppel und Kultusminister Hans Maier unterzeichnet.

Kirchenvater Augustinus, als er unmittelbar nach der Bekanntgabe seiner Ernennung zum Münchner Erzbischof äußerte:
„Ich bin mir bewußt, daß ich jetzt versuchen muß, ein Zugochse zu sein, und daß ich ständig im Geschirr stehen werde; daß also die Muße der Wissenschaft mir nur noch in ganz beschränktem Maß zur Verfügung stehen wird. Andererseits ist es ein großer und schöner Auftrag, meine Heimatdiözese zu leiten, in ihr zu ermutigen und die Antwort eines ganzen Bistums erfahren zu können."

Bevor freilich der neuernannte Erzbischof von seiner Diözese Besitz ergreifen konnte, sollten noch einmal zwei Monate ins Land gehen. Erst galt es noch, in Regensburg, wo Joseph Ratzinger seit 1969 Inhaber des Lehrstuhls für Dogmatik und Dogmengeschichte und zuletzt auch Vizepräsident der Universität war, unaufschiebbare Aufgaben abzuwickeln. Am 23. Mai aber war es dann soweit. Der ernannte Münchner Erzbischof nahm von seinem bisherigen Wohnsitz in Pentling und der Pfarrei Ziegetsdorf Abschied, wo seine Eltern begraben liegen.
An der Bistumsgrenze in Landshut wurde er von Stiftspropst Heinrich Fischer von St. Martin, Landshut, begrüßt. Auf einer Zwischenstation in Moosburg bereiteten weit über tausend Gläubige ihrem neuen Erzbischof einen begeisterten Empfang. Inzwischen warteten Tausende von Münchnern rund um die Ramersdorfer Kirche. Herzliche Worte des Willkommens sprachen hier Pfarrer Johannes Waxenberger, Oberbürgermeister Georg Kronawitter und Ermin Brießmann, der Vorsitzende des Diözesanrates der Katholiken. Kapitularvikar Ernst Tewes, auf dessen Schultern in den langen Monaten der Sedisvakanz die Verantwortung für das verwaiste Erzbistum ruhte, begrüßte Erzbischof Ratzinger im Namen der Diözesanleitung:
„Von den 71 Nachfolgern des hl. Korbinian sind Sie der elfte, der seinen Wohnsitz in München nimmt. Im Zentrum dieser Stadt steht als überall bekanntes Wahrzeichen der Dom Unserer Lieben Frau mit der Kathedra des Erzbischofs. Dort ist auch der lokale Mittelpunkt der Diözese. Ihr eigentlicher Mittelpunkt ist allerdings lokal nicht bestimmbar. Er ist jeweils dort, wo sich Menschen in der Tiefe von Glaube, Hoffnung und Liebe bestimmen und führen lassen."
Nach einer kurzen Maiandacht bezog Erzbischof Ratzinger den Erzbischofshof in der Kardinal-Faulhaber-Straße, um dann drei Tage später vor Ministerpräsident Alfons Goppel den vom Bayerischen Konkordat vorgeschriebenen Eid auf die Verfassung zu leisten — „vor Gott und auf die heiligen Evangelien". Letztere freilich waren von der Protokollabteilung vergessen worden.

In seiner Ansprache im Prinz-Carl-Palais ging der neue Erzbischof auf die Unterschiedenheit von Staat und Kirche und auf ihr besonderes Verhältnis in Bayern ein:

„Unser Freistaat hat ja einen Namen: Bayern. Und das Wort von der ‚liberalitas bavarica' kennzeichnet treffend das geschichtliche Lebensgefühl unseres Volkes, das aus seinem christlichen Erbe heraus jene Liberalität zu leben vermochte, in der Toleranz zu Anerkennung und Anerkennung zu Toleranz

Hauptkonsekrator Bischof Stangl von Würzburg, Weihbischof Ernst Tewes und Erzbischof Ratzinger während der Bischofsweihe.

geworden ist ... Wir Bayern dürfen mit dankbarem Stolz sagen, daß sich bei uns nach den Erschütterungen der Ära Montgelas und unzerstört durch das tragische Zwischenspiel des sogenannten Dritten Reiches eine christliche Liberalität eingespielt hat, in der der Staat sich stets sein eigenes Gewicht und den ihm gebührenden Rang zu wahren wußte, ohne daß die Kirche darob aufhörte, die Seelen zu prägen und im Bund mit dem Staat jene heitere Daseinsfreude zu wecken, die sich in Bayerns Kultur so unverwechselbar ausdrückt. Daß es so bleibe, ist mein Wunsch an diesem Tag."

Anschließend unterzeichneten Ministerpräsident, Erzbischof und Kultusminister Hans Maier — zusammen mit Joseph Ratzinger einer der Herausgeber der Internationalen Katholischen Zeitschrift „Communio" — das Protokoll. Daß dabei aus dem erzbischöflichen Talarärmel ein altbayerisches Taschentuch in weißblauer Farbe lugte, war rein zufällig.

Tags darauf, am 27. Mai, überreichte Dr. Joseph Ratzinger dem Domkapitel die Päpstliche Ernennungsurkunde und übernahm damit offiziell die Leitung des Erzbistums München und Freising. Wenig später stellte er sich in einer Pressekonferenz als seiner ersten öffentlichen Handlung den Fragen der Journalisten. Dabei nannte er einen möglichst engen Kontakt zu den Seelsorgern, die Förderung geistlicher Berufe, die Erneuerung der Katechese, die Weiterführung der ökumenischen Arbeit und eine behutsame, auf den konkreten Menschen zugeschnittene Reformarbeit als Schwerpunkte eines vorläufigen Programms. In diesem Zusammenhang verdeutlichte er auch seinen eigenen theologischen Standpunkt:

„Ich war im Konzil mit bei denen, die darum gearbeitet haben, daß die Liturgiekonstitution und die Reformmöglichkeiten zustande kamen. Aber ich sage ganz offen, daß mir die Verwirklichung nicht immer glücklich und — vor allem — menschlich einfühlsam und klug vorgekommen ist. Es gab verschiedene Phänomene, die es den Menschen zum Teil schwer gemacht haben, wenigstens in dieser Übergangszeit von zehn Jahren zu begreifen, daß man auf sie zugehen und nicht sie verärgern möchte ... Es scheint mir auch zur gebotenen innerkirchlichen Toleranz dieser Stunde und zur sachlichen Notwendigkeit des christlichen Lebens zu gehören, daß wir die Fragen, die von ringenden Menschen kommen, ernst nehmen und versuchen, davon anzunehmen, was in der Einheit der Kirche möglich ist."

München rüstete sich inzwischen für die Bischofsweihe und Inthronisation seines elften Erzbischofs. Die eher nüchternen Säulen der Kathedralkirche schmückten Gebinde aus Frühlingsblumen — eine Pracht, die lediglich durch die Podien und Apparaturen des Fernsehens verfremdet wurde. Erstmals in der Geschichte der deutschen Kirche konnte an diesem 28. Mai 1977 das denk-

Der Apostolische Nuntius Erzbischof Guido Del Mestri hatte Professor Ratzinger die päpstliche Anfrage nach der Bereitschaft zur Übernahme des bischöflichen Amtes überbracht. Im Anschluß an die Weihehandlung führte er Erzbischof Ratzinger zur Cathedra und inthronisierte ihn als neuen Oberhirten von München und Freising.

Wer zum Bischof geweiht wird, ist dadurch aufgenommen in die Gemeinschaft der Apostelnachfolger. Die Bischöfe, die an der Weihehandlung im Münchner Liebfrauendom teilnahmen, verdeutlichten die Einheit und Katholizität der Kirche über alle Grenzen der Länder und Rassen hinweg.

Seinen Mitarbeitern im Priesteramt ist der neue Erzbischof kein Unbekannter. Wohl jeder kennt ihn über das eine oder andere seiner Bücher. Mehrere Weihejahrgänge studierten gemeinsam mit ihm in Freising und München, andere haben ihn aus den fast sieben Jahren seiner theologischen Lehrtätigkeit in Freising noch in bester Erinnerung.

Zwei der prominentesten Teilnehmer bei der Bischofsweihe im Liebfrauendom: Kardinal Joseph Höffner von Köln, der Vorsitzende der Deutschen Bischofskonferenz, und Kardinal Alfred Bengsch von Berlin.

Kardinal Bengsch von Berlin während der Weihehandlung. — Nach den Bestimmungen des 2. Vatikanischen Konzils legen alle bei einer Bischofsweihe anwesenden Bischöfe dem Weihekandidaten die Hände auf — ein Akt, der die Einheit des Kollegiums der Bischöfe unterstreicht, in das der Neugeweihte aufgenommen wird.

Im Rahmen der Weihehandlung wurden Erzbischof Ratzinger die Zeichen des bischöflichen Amtes überreicht: die Mitra, die mit ihren beiden Spitzen Altes und Neues Testament symbolisiert und so neben der Würde auch die Aufgabe eines Bischofs anzeigt: die Verkündigung der Botschaft; der Stab, Hinweis auf das Hirtenamt gegenüber dem anvertrauten Bistum; und der Ring, Sinnbild der Verbundenheit des Bischofs mit seiner Diözese und der Gemeinschaft aller Bischöfe.

würdige Ereignis einer Bischofsweihe durch das Fernsehen auch draußen im weiten Erzbistum und über dessen Grenzen hinaus miterlebt werden.
Längst vor Beginn des Weihegottesdienstes um 9 Uhr waren die wenigen freien Plätze und Gänge im Dom überfüllt, ebenso die nahe St. Michaelskirche, in der man das Geschehen über Bildschirm und Lautsprecher mitverfolgen konnte. Die Sitzplätze im Dom gehörten den Repräsentanten von Staat, Stadt und Parteien, den Vertretern von Wissenschaft und Kultur, und nicht zuletzt den Abordnungen aus den einzelnen Pfarreien des Erzbistums.
Geleitet vom Hauptkonsekrator, dem Würzburger Bischof Josef Stangl, von dem Apostolischen Nuntius Erzbischof Guido Del Mestri, den Mitkonsekratoren Bischof Rudolf Graber und Weihbischof Ernst Tewes, von Kardinälen und zahlreichen Bischöfen aus dem In- und Ausland, zog der Weihekandidat zum Presbyterium, wo nach dem Wortgottesdienst und dem Hymnus um den Heiligen Geist die eigentliche Weihehandlung begann.
In dem vom Münchner Domchor mit Monsignore Max Eham und dem Regensburger Domchor unter Leitung von Prälat Georg Ratzinger, dem Bruder des neuen Erzbischofs, musikalisch gestalteten Gottesdienst trug zunächst der Münchner Pfarrer Georg Urzinger, ein Kurskollege des Weihekandidaten, als Vertreter des Erzbistums, dem Hauptkonsekrator die Bitte vor, Dr. Joseph Ratzinger zum Bischof zu weihen. Nach dem Versprechen der Treue zur bischöflichen Aufgabe und gegenüber dem Papst und der Anrufung aller Heiligen

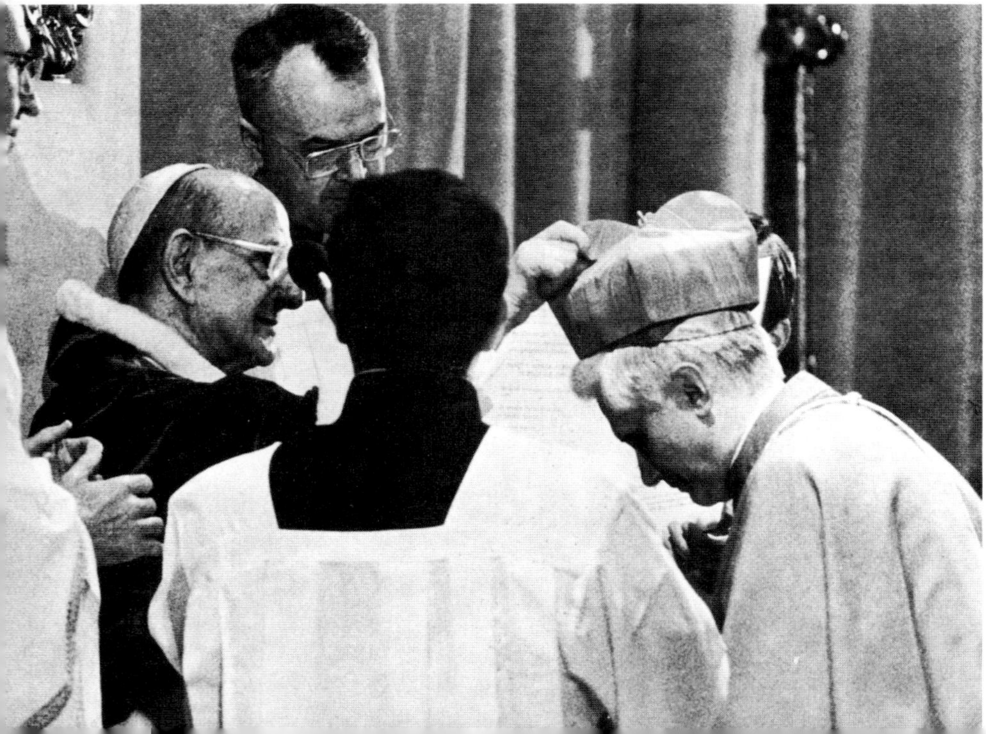

Zehn Monate hatte die Erzdiözese nach dem Tod von Kardinal Döpfner auf einen neuen Erzbischof warten müssen. Dagegen dauerte es nach der Bischofsweihe von Erzbischof Joseph Ratzinger nur vier Wochen bis zu seiner Kardinalsernennung. Am 27. Juni setzte ihm Papst Paul VI. zusammen mit vier weiteren Kardinälen das Kardinalsbirett auf.

folgte der wohl ergreifendste Teil der Bischofsweihe: dem neuen Erzbischof wurde das geöffnete Evangelienbuch auf das Haupt gelegt — schweigend, und doch gerade so beredter Ausdruck seiner innersten Aufgabe, das Evangelium allen zu eröffnen und unverfälscht zu verkünden. Unter Schweigen schloß sich die Handauflegung durch den Hauptkonsekrator an, den Würzburger Bischof Josef Stangl, nach dem Tod von Kardinal Döpfner interimsmäßig Vorsitzender der Bayerischen Bischofskonferenz. Dann folgten der Regensburger Bischof Rudolf Graber, in dessen Diözese der neue Erzbischof zuletzt als Theologe gewirkt hatte, Kapitularvikar Ernst Tewes und die übrigen Bischöfe. Dem abschließenden Gebet mit der Handauflegung, dem zentralen Weihevorgang, schloß sich die Salbung mit Chrisam an, Zeichen der bischöflichen Teilnahme

Papst Paul VI. würdigte im Rahmen des Konsistoriums vor allem das theologische Werk des neuen Münchner Erzbischofs, der dabei deutlich gemacht habe, wie sich Forschung und freie Übereinstimmung mit dem kirchlichen Lehramt vereinen.

München-Riem am 1. Juli 1977: Großer Bahnhof für Erzbischof Ratzinger nach der Rückkehr vom Konsistorium in Rom. In Vertretung des Ministerpräsidenten wurde er hier von Justizminister Dr. Karl Hillermeier begrüßt.

Für den bayerischen Ministerpräsidenten Alfons Goppel, mit seiner Frau Gertrud auch Gast bei der Kardinalserhebung in Rom, war es klar: der Kardinalshut war nicht nur eine persönliche Auszeichnung für den Münchner Erzbischof, sondern auch eine römische Anerkennung für München und ganz Bayern.

am Priesteramt Christi, sowie die Übergabe des Evangeliums, von Ring, Mitra und Bischofsstab als Zeichen des bischöflichen Amtes. Nuntius Guido Del Mestri führte den neugeweihten Erzbischof zu seiner Cathedra, dem bischöflichen Stuhl, wo er nach dem Friedenskuß seiner Mitbrüder im Bischofsamt das Treueversprechen seines Domkapitels, der Professoren, der Vertreter der Diözesanverwaltung, der Dekane, Pfarrer und Laiengremien entgegennahm.

In seiner anschließenden Predigt deutete Erzbischof Ratzinger die Aufgabe des bischöflichen Amtes. Die Erinnerung an seinen Vorgänger verband er mit einem Ausblick auf die Zukunft:

„Meine Gedanken kehren noch einmal zu der Stunde zurück, in der wir Kardinal Döpfner zu Grabe geleitet haben. An jenem leicht verhangenen Sommertag habe ich mitten in dem Schmerz des Abschieds doch auch sehr stark und voller Dankbarkeit empfunden, wieviel Glaube noch in unserem München lebt — gewiß nicht zuletzt dank seines Vorbilds ... Ich kann an diesem Tag der Frage nicht ausweichen, ob das Gesicht unseres Landes auch dann noch vom Glauben geprägt sein wird, wenn man einmal mich zu meinem letzten Weg geleitet."

Dann übernahm Erzbischof Ratzinger, der zu Beginn der Weihehandlung zum Zeichen seines totalen Angewiesenseins auf Gott ausgestreckt zu Füßen des Altares lag, den Vorsitz der Eucharistiefeier, die in einer großen Prozession hinüber zur Mariensäule am Marienplatz ihren Ausklang fand.

Hier, zu Füßen der Patrona Bavariae, faßte der neugeweihte Bischof die Anliegen der Stunde in einem Gebet an Maria zusammen:

„Die Wege unseres Landes kommen von dir und gehen durch dich zu Ihm, der der Weg selber ist. So bitten wir dich in dieser Stunde: Sei die Patronin unseres Landes, unseres Bistums auch in dieser Zeit. In dem Streit der Parteien sei du Versöhnung und Friede; in den Weglosigkeiten unserer offenen Fragen zeige uns den Weg; die Streitenden sänftige, die Müden erwecke; gib den Mißtrauischen ein offenes Herz, den Verbitterten Trost, den Selbstsicheren Demut, den Ängstlichen Zuversicht, den Stürmern Besonnenheit, den Zaudernden Mut, uns allen aber die tröstende Zuversicht deines Glaubens."

Da war ein ins Gebet gefaßter Anruf, der sich an die Patronin dieses Landes wandte, die hier im Mittelpunkt der Stadt seit fast 350 Jahren ihren festen Platz hat, ebenso aber auch an die Menschen im Bistum selbst. Für sie wollte er ja, ohne sich durch überdiözesane Aufgaben mehr als unbedingt nötig anderweitig verpflichten zu lassen, in erster Linie da sein, wie er es in einem Gespräch äußerte:

„Angesichts der großen Aufgabe, die das Erzbistum München und Freising mit mehr als zwei Millionen Katholiken in der heutigen Situation mit sich

Durch sein Amt, so sagt das 2. Vatikanische Konzil, hat der Bischof Anteil am Amt des »einzigen Mittlers Christus«; es ist ein Amt, das am deutlichsten in der eucharistischen Feier zum Ausdruck kommt. Hier handelt der Bischof in der Person Christi, hier verkündet er dessen Geheimnis.

MESSBUCH

Kardinal Ratzinger in der Münchner St.-Michaelskirche beim großen Papstgottesdienst, wenige Tage nach seiner Rückkehr vom Konsistorium in Rom.

Nach der Rückkehr von der Kardinalserhebung in Rom gab die Staatsregierung im Prinz-Carl-Palais einen Empfang für Kardinal Joseph Ratzinger.

bringt, ist es mein Wunsch, mich mit allen Kräften dieser mir anvertrauten Ortskirche zu widmen und für überregionale Aufgaben nicht mehr an Energie abzweigen zu müssen, als aus der inneren Zugehörigkeit unseres Bistums zur Gesamtkirche und zum Ganzen der Welt von heute folgt."
Wiederum war kaum eine Woche vergangen, als dieser verständliche Wunsch aus Rom selbst eine deutliche Korrektur erfuhr: für den 27. Juni hatte Papst Paul VI. eine Versammlung der Kardinäle — ein Konsistorium — einberufen, um bei dieser Gelegenheit fünf neue Mitglieder in das Kollegium der Kardinäle aufzunehmen. Unter den Erwählten war nicht nur, als Vertreter der verfolgten Kirche, der Prager Administrator Frantisek Tomasek; der schwarzafrikanische, an der Kurie tätige Erzbischof Bernardin Gantin, als Gast von der Bischofsweihe des neuen Münchner Oberhirten noch in guter Erinnerung; der Kurientheologe Luigi Ciappi und der bisherige Substitut im päpstlichen Staatssekretariat, Giovanni Benelli — sondern auch Erzbischof Dr. Joseph Rat-

zinger, für den eben erst der bischöfliche Alltag begonnen hatte. Das war eine Entscheidung des Papstes, von der der Münchner Erzbischof uneingeschränkt gestand, daß sie ihn selbst ein wenig erschrecken ließ, in der er aber vor allem eine Auszeichnung für das eigene Erzbistum und Möglichkeiten des Wirkens sah, die seiner Diözese wieder zugute kommen würden.
Bislang waren nur sieben Bischöfe von München und Freising in das Kardinalskollegium aufgenommen worden, die letzten vier allerdings in ununterbrochener Reihenfolge. Die Reihe der Purpurträger unter den Freisinger Bischöfen eröffnete Bischof Johannes III. Grünwalder († 1452), gefolgt von Johannes Theodor von Bayern († 1763) und Karl August von Reisach, der nach neunjährigem Wirken als Erzbischof von München als Kurienkardinal nach Rom berufen wurde († 1869). Seit Franziskus von Bettinger, der von 1909 bis 1917 die Erzdiözese leitete und 1914 zum Kardinal ernannt worden war, gehörten alle Münchner Erzbischöfe dem Kardinalskollegium an.

Hunderte von Pilgern, darunter der engere Kreis der Kardinalsfamilie — seine beiden Geschwister, Mitarbeiter und Studenten aus den Regensburger Jahren, Vertreter der diözesanen Räte, des Domkapitels und der Diözesanleitung —, begleiteten den Münchner Erzbischof zum Konsistorium vom 27. Juni 1977, das im Zusammenhang mit der Rebellion des französischen Erzbischofs Marcel Lefebvre gegen die konziliare Reform dramatische Züge aufwies. Würde es zur Spaltung kommen, der Papst zur Exkommunikation des Rebellen schreiten? So beschwor denn auch Papst Paul VI. vor den rund achtzig Kardinälen die Einheit der Kirche und die Treue, auf die er vor der Überreichung der roten Birette im Öffentlichen Konsistorium vor Tausenden von Pilgern noch einmal einging:
„Das Konsistorium, das heute morgen nach alter Tradition im Apostolischen Palast stattgefunden hat, findet hier in der Aula seine Fortsetzung und seinen krönenden Abschluß. Der einzigartige Charakter dieser abschließenden Feier des Konsistoriums veranlaßt Uns zu einigen Überlegungen über ein Thema, das grundlegend und spezifisch für diese Feier zu sein scheint: die Treue! ... Wir bestätigen diese Treue auch Ihnen, Kardinal Ratzinger, dessen qualifizierte theologische Lehrtätigkeit auf angesehenen Lehrstühlen deutscher Universitäten und in zahlreichen wertvollen Veröffentlichungen gezeigt hat, wie die theologische Forschung — auf dem von den Meistern aufgezeigten Weg der ‚fides quaerens intellectum' — nie von der aufrichtigen, freien und schöpferischen Zustimmung zum kirchlichen Lehramt getrennt werden kann und darf, welches das Wort Gottes authentisch auslegt und verkündet. Sie leiten nun vom erzbischöflichen Stuhl in München und Freising eine erlesene Herde auf

den Wegen der Wahrheit und des Friedens, wobei Wir Sie mit Unserem großen Vertrauen begleiten."

Papst Paul VI. wußte, was er da über das theologische Wirken des Münchner Kardinals sagte: er liest dessen Werke in deutscher Sprache. Weiterer Höhepunkt dieser römischen Tage und zugleich ihr Abschluß war nach der Überreichung des Palliums, des Abzeichens der erzbischöflichen Würde, der Papstgottesdienst am Fest Peter und Paul in Konzelebration mit den neuernannten Kardinälen. In dessen Verlauf wurde den neuen Kardinälen der Kardinalsring überreicht.

Einen Tag nach den bayerischen Pilgern war Kardinal Ratzinger am 1. Juli nach München zurückgekehrt. Nach einem Empfang durch die Staatsregierung im Prinz-Carl-Palais waren eine Woche später noch einmal die Vertreter der Gemeinden, die Repräsentanten des öffentlichen Lebens und der Kirchen nach München geladen, um nach dem großen Papstgottesdienst in St. Michael bei

Die Gastgeber beim Empfang der Staatsregierung für den neuen Kardinal: Ministerpräsident Alfons Goppel und Frau Gertrud, neben ihnen der evangelische Landesbischof Dr. Johannes Hanselmann.

einem Festakt im Kongreß-Saal des Deutschen Museums die Kardinalsernennung des Münchner Erzbischofs zu feiern.

Die Front des nüchternen Saales schmückten an diesem Tag großflächige Farbbilder mit Darstellungen aus der kirchlichen Kunst im Raum des Erzbistums — vom Forstenrieder Kreuz aus dem 13. Jahrhundert über die Leinberger Madonna und den Freisinger Dom bis zum Wendelsteinkircherl. Zu den Klängen von alten bayerischen Meistern und Volksliedern entboten Vertreter der Diözesanleitung, der Priester und Laien, des Staates, der Stadt und der evangelische Landesbischof Johannes Hanselmann dem Münchner Kardinal ihre Glückwünsche.

Kardinal Ratzinger: „Mein Weg hier in München hat fast mit einer Überzahl von Festen begonnen, die mich ermutigt und bestärkt haben, denen aber nun die harte Arbeit des Alltags folgen muß. Gehen wir gemeinsam an diese Arbeit, und Gott möge uns allen seinen Segen dazu geben."

Schon im Oktober führte ihn freilich sein Weg, zusammen mit zahlreichen Pilgern, noch einmal nach Rom zum Ad-limina-Besuch der bayerischen Bischöfe und zur Besitzergreifung seiner römischen Titelkirche Santa Maria Consolatrice — einer Pfarrkirche in einem römischen Arbeiterviertel, die erst bei Kriegsende erbaut und zuletzt Titelkirche eines madegassischen Kardinals war. „Wann immer der Kardinal kommt, ist er hier der Pfarrer", hatte Don Ennio Appignanesi, Pfarrer von Santa Maria Consolatrice, schon unmittelbar nach Bekanntgabe von Kardinal Ratzingers Titelkirche gesagt. Darauf können freilich mit mindestens gleichem Recht die Gemeinden im Erzbistum pochen, deren oberster Hirte ihr Erzbischof ist. In seinem Wappen steht, nach dem alten Brauch der Bischöfe von Freising und München, auch der Korbiniansbär mit dem Packsattel — sinnfälliges Zeichen für die Last des bischöflichen Amtes, das durch das Rot des Hutes und der Quasten, den Verweis auf Kardinalswürde und weltkirchliche Verantwortung, noch einmal unterstrichen wird. Der Erzbischof von München und Freising ist Lastträger Gottes nicht nur innerhalb seiner Diözese. Doch da ist auch die Muschel, der Verweis auf den unerschöpflichen Quell lebendigen Wassers — Gottes Zusage an den Menschen —, aus dem sein pilgerndes Volk mit seinem Hirten inmitten einer zermürbenden Zeit täglich neue Kraft schöpfen kann.

Santa Maria Consolatrice, die römische Titelkirche von Kardinal Joseph Ratzinger, ist eine Pfarrkirche. Von 1969 bis 1975 war die 1945 erbaute Kirche Titelkirche des Erzbischofs von Tananarive auf Madagaskar. Zu der in einem Arbeiterviertel gelegenen Pfarrei gehören etwa 22 000 Katholiken.

Am 15. Oktober ergriff der Münchner Erzbischof im Rahmen eines feierlichen Gottesdienstes Besitz von seiner Titelkirche. Während Kardinal Ratzinger der Pfarrei Spenden aus dem Erzbistum überreichte, wurde ihm ein Bild der Kirchenpatronin »Maria, Trost der Betrübten« überreicht.

Nur zusammen sind wir katholisch

Aus der Predigt des Kardinals bei der Besitzergreifung der Titelkirche Santa Maria Consolatrice in Rom am 15. Oktober 1977

Der Heilige Vater hat mir Ihre Kirche als Titelkirche zugewiesen, mich dadurch sozusagen zu Euerem Pfarrer bestellt, und so sind Sie, die Gemeinde von Santa Maria Consolatrice, und das Erzbistum München gleichsam mitsammen zu einer großen Pfarrei geworden, einander in den vielen Wohnungen von Gottes Haus in besonderer Weise als Geschwister zugeeignet.
So ist dieser Tag für uns hier in besonderer Weise ein Fest der heiligen Kirche, ein Fest der Katholizität, an dem wir wieder innewerden, was dieses kleine Wort „katholisch" eigentlich bedeutet, was es uns schenkt und was es von uns verlangt. Kardinäle waren ursprünglich die Priester, die in einer der römischen Hauptkirchen tätig waren und so die „cardines", die Türangeln der Kirche zu Rom verwalteten. Aber zwischen Rom und dem Erdkreis, zwischen urbs und orbis gab es schon immer einen Zusammenklang besonderer Art. Das heid-

nische Rom hatte in der Pax Romana diesen Zusammenklang auf der Ebene der irdischen Dinge vorbereitet; seit in dieser Stadt das Grab des heiligen Petrus zum Siegel der kirchlichen Einheit geworden war, hatte diese Verbindung eine neue Dimension empfangen. Überall, wo Eucharistie gefeiert wird, ist der eine und ganze Herr Jesus Christus gegenwärtig, aber weil er nur ein einziger ist, deswegen kann man ihn nur in der Einheit des ganzen Leibes Christi, in der Einheit seiner ganzen Kirche empfangen, die von Petrus dargestellt wird, der zuerst das Bekenntnis der Kirche aller Zeiten gesprochen hat: Du bist Christus der Sohn des lebendigen Gottes. So gehören auf eine neue Weise urbs und orbis zusammen. Und dies wurde dadurch sichtbar ausgedrückt, daß die Hauptkirchen Roms Bischöfen zugewiesen wurden, die über den ganzen Erdkreis hin verstreut sind. So ist Rom überall, wo der Glaube des heiligen Petrus bekannt wird, Rom ist allerorten, aber auch alle Orte sind in Rom. Die Kardinäle empfangen nun, indem sie als Bischöfe der Weltkirche Pfarrer in Rom und als Pfarrer von Rom Bischöfe der Weltkirche sind, auf eine neue Weise die Funktion, „cardines" — Türangeln — der Einheit zu sein und den Glauben aller Orte zusammenzufügen im Netz des heiligen Petrus — dieses Netz über die Stadt seines Martyriums hinaus auszuwerfen über die

Gemeinsam mit Pfarrer Don Ennio Appignanesi, zwei weiteren italienischen Geistlichen, Weihbischof Franz Schwarzenböck, Prälat Dr. Franz Wasner von der deutschen Nationalkirche S. Maria dell' Anima und P. Karl Sieben SJ feierte der Münchner Erzbischof den Gottesdienst.

Natürlich mußten auch hier Autogramme gegeben werden — und zwar auf Unterlagen jeglicher Art, für Pilger aus der eigenen Diözese und für »Pfarrkinder« der römischen Titelkirche. Links neben dem Erzbischof Weihbischof Franz Schwarzenböck, Geistlicher Leiter des Bayerischen Pilgerbüros, rechts der Rektor der Anima, Prälat Wasner.

ganze Welt hin. Katholisch sein heißt also miteinander glauben und füreinander glauben, den kleinen Augenblick und den umgrenzten Ort unseres Lebens hinzugeben in das Große und Umfassende der Kirche aller Orte und aller Zeiten.

Dieses Geheimnis der Katholizität wird hier, im Zueinander zwischen uns, den Pilgern aus München und der Titelkirche zu Rom, an einer Stelle für uns ganz realistisch und ganz praktisch. Wir sind nun einander zugegeben und tragen Verantwortung füreinander. Das Netz der Katholizität, das uns verbindet, sollte zwischen uns zu einem starken Netz des Gebetes werden, das an seiner Stelle die Last der Menschen dieser Zeit mittragen kann. Wo immer es geht, sollten wir einander auch Zeichen unserer Liebe, unserer Zugewandtheit schenken. In diesem Sinn darf ich heute Euerem Pfarrer eine Spende Münchener Katholiken übergeben, von denen viele spontan, als sie von Santa Maria Consolatrice hörten, zu mir kamen, um mir ihre Gabe mit auf den Weg zu geben. Endlich sollten wir einander immer wieder das Zeichen des Glaubens geben: uns stärken im Glauben, in dem einen, dem katholischen, und uns gegenseitig

Nach dem Einzug in seine Titelkirche hielt Kardinal Ratzinger eine kurze Anbetung. Links neben ihm der Pfarrer von Santa Maria Consolatrice, Don Ennio Appignanesi, im Hintergrund zwei Carabinieri in historischer Uniform.

Zu den Höhepunkten der Rompilgerfahrt anläßlich der Besitzergreifung der Titelkirche durch Kardinal Ratzinger zählte auch ein Gottesdienst in Santa Maria Maggiore.

davor bewahren, ihn zu verengen, ihn für Moden des Augenblicks zu beschneiden. Wir sollten so uns helfen, in wahrhaft katholischem Geist die nationalen Grenzen, das Mißverstehen zwischen den Völkern zu überwinden, und ineinander die Brüder Christi, die Kinder des einen Vaters erkennen, die gerade in ihrer Verschiedenheit einander achten und lieben können.
Rom und München — der katholische Glaube hat in einer langen Geschichte immer wieder diese beiden Städte auf eine besondere Weise miteinander verbunden. Die erste Kirche Münchens war eine Kirche des heiligen Petrus; die Stadt, die sich da nördlich der Alpen um ein altes Mönchskloster sammelte, wollte im Schatten des heiligen Petrus wohnen und mit dem christlichen Rom die gleiche Mitte teilen. Als im 16. Jahrhundert München zum Mittelpunkt der katholischen Erneuerung in den deutschsprachigen Ländern wurde, ging wiederum der Blick nach Rom; die Hofkirche zum heiligen Kajetan mit ihren Kuppeln und Türmen verpflanzt das Vorbild von Sant'Andrea della Valle, der Kirche des Bruders von St. Petrus, in die bayerische Metropole. So ließe sich noch vieles sagen, aber es muß noch ein anderer Akzent erwähnt werden. Die Türme der Domkirche Unserer Lieben Frau zu München ahmen die Heilig-Grab-Kirche oder besser: die Auferstehungskirche zu Jerusalem nach. Auch

Der Münchner Kardinal nach dem Gottesdienst in Maria Maggiore inmitten der Pilger aus seiner Erzdiözese.

Beim Gottesdienst in Maria Maggiore: am Ambo Direktor Georg Black vom Bayerischen Pilgerbüro, rechts neben Kardinal Ratzinger Prälat Michael Höck.

dies verbindet München und Rom: daß beide als christliche Städte das neue Jerusalem vorbilden wollen, ihr irdisches Sein überschreiten möchten auf die kommende Stadt hin. „Wir haben hier keine bleibende Stadt" sagt der Apostel; unsere Städte werden einander von innen her um so näher sein, unsere Geschwisterlichkeit wird um so reiner und um so tiefer sein, je mehr wir auf die kommende Stadt zuleben und etwas von ihrem Morgenglanz in unsere Städte hineinleuchten lassen.

Der Titel Santa Maria Consolatrice verweist uns auf den gleichen Zusammenhang. Im Herzen der Stadt München steht das Standbild der Muttergottes, das Kurfürst Maximilian in bedrängter Zeit während des 30jährigen Krieges dort aufstellen ließ, um Bayern dem Schutz dieser mütterlichen Frau zu unterstellen; von diesem Bild aus werden alle Entfernungen in Bayern gemessen. In der Geheimen Offenbarung des heiligen Johannes wird die Neue Stadt als

Frau geschildert, als Braut des Lammes. Sie trägt die Züge der Muttergottes, unserer lieben Frau, und stellt eben so die Neue Stadt, das ganze heilige Volk Gottes dar. So lange wir auf Erden sind, sind unsere Städte unvollendet. Wir spüren die Sehnsucht nach der kommenden Stadt, in der es keine Einsamkeit, keine zerstörte Liebe, keine unheilbare Krankheit, keinen Hunger und keinen Tod mehr geben wird. Deshalb brauchen wir den Trost der Frau, die uns das Bild der Neuen Stadt geworden ist. Wenn wir uns unter ihren Mantel stellen, gehen wir aufeinander zu. Möge ihr Trost uns alle umschließen, daß wir gemeinsam die Neue Stadt finden, in der das Lamm — Jesus Christus — das Licht ist, das nie untergeht.

Der Bischof ist ein Christus-Träger

Predigt bei der Bischofsweihe im Münchener Liebfrauendom am 23. Juli 1977

Noch ist die Trauer nicht ganz gewichen, die uns vor nun fast einem Jahr überfallen hat, an jenem 24. Juli 1976, an dem die unfaßbare Nachricht über den Äther ging: Julius Kardinal Döpfner ist tot. Es war der Tag des heiligen Christophorus, und Kardinal Döpfner war ein Christophorus. Durch den wachsenden Wogengang dieser Jahrzehnte hat er Christus getragen, das lebendige Wort, und uns in der Unbeirrbarkeit wie in der männlichen Güte, die ihm zu eigen war, den Weg gezeigt, die Furt, die zum Ufer führt, zum wirklichen Leben. Dafür danken wir ihm in dieser Stunde noch einmal von Herzen, und in unserem Dank steht das Wissen, daß er bei dem angekommen ist, dem seine ganze Kraft bis zum letzten Augenblick gegolten hat: bei seinem Meister Jesus Christus.

Christophorus steht so als Sinnbild des bischöflichen Amtes über dieser Stunde, in der mir die Last des lebendigen Wortes aufgelegt, die Christophorus-Sendung übertragen worden ist. Das Bild dieses Heiligen klingt zusammen mit der augenfälligsten liturgischen Gebärde der Bischofsweihe, in der die Kirche, einprägsamer als Worte es vermögen, vor aller Augen auslegt, was das Bischofsamt denn eigentlich ist. Sie haben vorhin gesehen, wie mir während der ganzen Weihepräfation das Evangelienbuch auf den Kopf gelegt worden ist. Das ist eine Christophorus-Gebärde: Der so Beladene wird zum Lastträger

Gottes, zum Träger seines lebendigen Wortes Jesus Christus bestimmt. Wenn wir näher zusehen, können wir in der Geste des aufgelegten Buches Anspruch und Art des bischöflichen Dienstes noch deutlicher erkennen. Dreierlei wird deutlich: Der so Geweihte wird von dem Buch gleichsam verdeckt. Sein eigenes Gesicht verschwindet unter dem Wort, das auf ihn gelegt ist. Das will besagen: Der Bischof handelt nicht im eigenen Namen, sondern er ist Treuhänder eines anderen, Jesu Christi und seiner Kirche. Er ist nicht ein Manager, ein Chef von eigenen Gnaden, sondern der Beauftragte des anderen, für den er einsteht. Er kann daher auch nicht beliebig seine Meinungen wechseln und einmal für dies, einmal für jenes eintreten, je nachdem, wie es günstig erscheint. Er ist nicht da, seine Privatideen auszubreiten, sondern er ist ein Gesandter, der eine Botschaft zu überbringen hat, die größer ist als er. An dieser Treue wird er gemessen, sie ist sein Auftrag. Freilich ist solche Selbstenteignung in das andere, in den anderen hinein, moralisch überhaupt nur zulässig, wenn dieser andere wirklich größer und besser und wahrer ist als wir selbst. Nur wer sich selbst verläßt, findet sich. Wer sich zurückstellt hinter dem Wort, der schrumpft nicht und verrät sich nicht; der zieht vielmehr ins wahrhaft Große, Rettende und Bleibende hinein.

Das lebendige Wort Gottes, so sagten wir, verdeckt den Bischof als Privatperson. Es beschlagnahmt ihn. Er ist nicht Chef, sondern Mitarbeiter, und gerade darin wird er frei, findet er das wahre Leben und zeigt es anderen. Das Wort, so müssen wir nun hinzufügen, verdeckt ihn nicht nur; es deckt ihn auch, es schützt ihn, es ist seine Rettung und sein Heil. Daher wird das Wort auch der Helm des Heiles genannt. Die Symbolik des aufgelegten Buches trifft sich hier mit dem Zeichen, das die Mitra sein will, die mit ihren zwei Hörnern die Heilige Schrift alten und neuen Bundes darstellen möchte, gleichsam das Dach des Wortes Gottes, das uns schützt in den Stürmen dieser Welt. Natürlich wittern wir hier sofort Engherzigkeit, gar Angst: Brauchen wir denn Schutz? Sollen wir uns nicht offen und ungescheut der ganzen Wirklichkeit aussetzen, nichts fürchtend als die Furcht, die sich verkriecht und nicht an der Weite des Geistes teilhaben will? Aber ist der wirklich offen, der das Ewige nicht mehr hören kann, nur noch das Endliche? Gottes Wort schützt uns vor unserem Eigensinn, unserer Besserwisserei, unserer Anmaßung, in der wir nur noch das Greifbare gelten lassen wollen und uns einkapseln in unsere eigene Welt. Es schützt uns vor der Vergiftung der Seele, die uns taub macht und solche Taubheit als Befreiung ausgibt. Diese Art von Schutz, der Kampf um die Freiheit des Herzens, der Kampf um das Offenbleiben zum Ganzen, zum ewigen, zum lebendigen Gott hin — solcher Kampf wird dem aufgetragen, dem das Wort Gottes aufgelegt ist.

Noch ein dritter Sinngehalt steckt im Zeichen des aufgelegten Buches. Dieses Buch ist ja als Träger von etwas Lebendigem gedacht – es steht für das Wort Gottes, das seinerseits aus der Strahlkraft des Heiligen Geistes kommt und den Menschen, den es anrührt, gleichsam ins Stromfeld des Heiligen Geistes einbeziehen will. Hier trifft sich die Symbolik des Buches mit dem Zeichen der Salbung, die wir in der Lesung aus Jesaja so bewegend ausgelegt fanden. Das Wort Gottes will den Menschen durchdringen als eine Quelle der Inspiration, als Kraft der Einsicht, die ihn weise macht, furchtlos, gerecht und die ihn lieben lehrt. So klingt das Zeichen der Bischofsweihe mit dem Pfingstgeheimnis zusammen, mit seiner Hoffnung und mit seinem Anspruch. Wir alle sehnen uns nach einer pfingstlichen Kirche; nach einer Kirche, in der der Geist waltet, nicht der Buchstabe; nach einer Kirche, in der die Weite des Verstehens die Grenzen sprengt, die die Menschen gegeneinander aufrichten. Wir sind ungeduldig mit der Kirche, die uns so unpfingstlich, so ungeistlich, so eng und so ängstlich erscheint. Für die Bischöfe hat man das törichte Wort Amtskirche erfunden, als ob sie selbst eine eigene Kirche sein könnten, als ob mehrere Kirchen nebeneinander stünden. Aber natürlich steckt in solchen Worten auch eine Wahrheit und eine Sehnsucht, die den Christen umtreibt, umtreiben muß, der an die Botschaft von Pfingsten glaubt. Wie kann Pfingsten werden? Was ist seine Bedingung? Wo ereignet es sich? Die Apostelgeschichte antwortet darauf sehr genau, und sie will sehr bewußt auf unsere Fragen eingehen. Der Heilige Geist kam, so sagt sie, als die Jünger einmütig miteinander versammelt waren und aushielten im Gebet (Apg 1, 14; vgl. 2, 1). Die Einmütigkeit der Kirche und das Stehen im Gebet – das ist der Ort, wo der Heilige Geist kommt, nirgends sonst. Niemand kann ihn herbeizwingen; Gott schenkt ihn in seiner souveränen Freiheit. Aber wo die Kirche einmütig sich um die Apostel und um die Mutter des Herrn versammelt und eins ist im Gebet, da tritt sie in die Stätte seiner Nähe hinein. Davon lebt die Kirche; davon lebt das bischöfliche Amt und sein Träger, der aus sich nichts vermag, sondern einzig darum bitten, dazu rufen, dazu mahnen kann, daß solches geschehe. Und dies ist meine Bitte an diesem Tag: Seien wir Kirche, seien wir alle Mitarbeiter der Wahrheit; seien wir eins und seien wir betende Gemeinde des Herrn.

Meine Gedanken kehren gerade von diesem Punkt her noch einmal zu der Stunde zurück, in der wir Kardinal Döpfner zu Grabe geleitet haben. An jenem leicht verhangenen Sommertag habe ich mitten in dem Schmerz des Abschieds doch auch sehr stark und voller Dankbarkeit empfunden, wieviel Glaube noch in unserem München lebt – gewiß nicht zuletzt dank seines Vorbilds. Und ich habe empfunden, wie der Glaube uns im Gesicht dieser unserer schönen Stadt an allen Ecken und Enden anredet: Da ist die Mariensäule, da grüßt der

Kardinal Ratzinger beim Gedenkgottesdienst für seinen Vorgänger Julius Kardinal Döpfner am 23. Juli 1977 im Münchner Liebfrauendom.

Alte Peter, dahinter wird der barocke Turm der Heiliggeist-Kirche sichtbar, von der anderen Seite her schauen die Frauentürme mit ihrer kraftvollen und eigenwilligen Schönheit herunter, und rundum die Bürgerhäuser des alten München zeigen die gleiche Helle und Heiterkeit des bayerischen Herzens, eines vom Glauben geprägten und geöffneten Herzens. Unser München, unser Bayernland ist deswegen so schön, weil der christliche Glaube seine besten Kräfte geweckt hat; er hat ihm nichts von seiner Kraft genommen, aber er hat sie großzügig und frei gemacht. Ein Bayern, in dem nicht mehr geglaubt würde, hätte seine Seele verloren und keine Denkmalspflege könnte darüber hinwegtäuschen. Dies ist eine düstere Vision, aber leider eine Vision, die nicht mehr einfach unwirklich ist. Und ich kann an diesem Tag der Frage nicht ausweichen, ob das Gesicht unseres Landes auch dann noch vom Glauben geprägt sein wird, wenn man einmal mich zu meinem letzten Weg geleitet. Die Frage geht an uns alle, sie ist in unsere Hände gelegt. Nur unser einträchtiges Glauben und Beten kann unserem Land seine Seele erhalten und so uns allen den Weg des Heiles öffnen. Um dieses Miteinander bitte ich Sie in dieser Stunde von ganzem Herzen: Tragen wir einander im Glauben und im Beten, damit der Herr uns trägt, damit wir ihn tragen können. Möge Maria, die Schutzfrau unseres Landes, in ihrer mütterlichen Güte und in ihrer vertrauenden Bereitschaft uns allen Zeichen und Wegweisung sein. In diesem Sinn laßt uns nun im Frieden des Herrn unseren Weg gehen.

Würde Jesus heute zu uns kommen ...

Erster Hirtenbrief von Erzbischof Joseph Ratzinger

Liebe Brüder und Schwestern im Herrn!

Als neuer Bischof unseres Bistums möchte ich heute Ihnen allen ein erstes Wort des Grußes und des Segens übersenden. Zu Beginn der heiligen Messe grüßt der Bischof nach uralter Überlieferung die versammelte Gemeinde mit den Worten: „Der Friede sei mit euch". Es ist dies der Gruß, mit dem der auferstandene Herr am Abend des Ostertages in die noch immer von Zweifeln und Ängsten zerrissene Schar seiner Jünger eintrat und sie zur österlichen Freude, zu der neuen, aus dem Osterglauben kommenden Einheit rief (Joh 20, 19). In diesem Wort des Friedens wischt er gleichsam mit einer gütigen und zugleich starken Gebärde die Furcht hinweg, die die Herzen der Seinigen verschattete. Sie brauchen den nicht zu fürchten, der durch verschlossene Türen hereintritt, denn er ist kein Gespenst, sondern auch in seiner Auferstehungsherrlichkeit derselbe gütige Meister, der mit ihnen über die Straßen Palästinas gewandert war, mit ihnen zu Tische gesessen hatte, sie in Worten und Taten das Erbarmen Gottes hatte erkennen lassen.

Dieser Friedensgruß des Herrn an seine Jünger ist aber zugleich die Übertragung der Vollmacht an sie, seinen Frieden weiterzugeben über die Zeiten hin an alle, die durch ihr Wort zum Glauben kommen. Aus dieser Vollmacht heraus, die ich im Sakrament der Bischofsweihe empfangen durfte, möchte ich Sie heute alle mit den Worten des Herrn grüßen: Der Friede sei mit euch. Möge der Herr uns seine Nähe spüren lassen; die Alten und Kranken ebenso wie die Gesunden und Schaffenden; die Einsamen und die Armen ebenso wie diejenigen, die in der Fülle des Lebens in Gefahr stehen, ihn zu vergessen. Er ist unser Friede; so ist der schönste Gruß und der schönste Wunsch, den wir einander zusprechen können, die Bitte um seine Nähe für uns alle.

Hier schließt sich nun ein Gedankengang an, der ganz praktisch in unser kirchliches Leben von heute hineinführt. Der Friede, den der Herr gibt, ist eine wirkliche Gabe; er ist mehr, als wir selber durch unser Bemühen hervorbringen können.

Der Herr schenkt uns, was wir nicht machen können. Aber er verurteilt uns nicht zur Untätigkeit; der Friede des Herrn verlangt unser Zugehen auf die Gesinnung Jesu Christi. Und nun stellen wir uns einmal vor, Jesus würde heute so sichtbar in unsere Mitte, in irgendeine Pfarrgemeinde hereintreten, wie er damals zu den Jüngern gekommen ist. Was würde er dann wohl finden? Wahrscheinlich würden sich die meisten von uns sehr gestört fühlen durch ihn, denn er träfe auf viel Gleichgültigkeit und Lauheit, auf ein bequemes und auf ein ängstliches Christentum, das seine Furcht vor der Welt unter starken und gelehrten Worten geschickt verdeckt. Er träfe auch auf eine zerstrittene Kirche. Er würde nebeneinander finden einerseits eine Selbstherrlichkeit, die sich das Christentum nach eigenem Geschmack baut, und andererseits den Starrsinn wie die Lieblosigkeit derer, die sich allein für die rechten Christen halten und sich so gegen die Einheit seines Leibes stellen. Sein Gruß „Der Friede sei mit euch" hätte so zugleich auch einen richtenden Charakter: Er würde uns ins Herz rufen, daß wir im Widerspruch zu seinem Frieden leben. Er würde von uns verlangen, auf diesen Frieden zuzugehen; die Furcht und die Selbstherrlichkeit abzustreifen, die diesem Frieden im Wege stehen und auch die Kirche friedlos machen, welche doch der Raum des Friedens in dieser Welt sein sollte. Denn daran sollte eigentlich die Welt die Wahrheit des Glaubens erkennen, daß er die Menschen durch alle Verschiedenheiten hindurch im Frieden Christi vereint . . .

Das bloße Beieinanderbleiben ist keine Einheit, sondern letztlich ein Ausweichen vor ihr. Die Parole „Seid nett zueinander" ist zwar nicht zu verachten, aber sie erreicht nicht die Höhe des Evangeliums, weil sie uns die Mühsal erspart, uns auf den Weg zur Wahrheit zu machen und so wirklich zueinander zu kommen. Damit entsteht nun aber die Frage: Welches ist denn eigentlich der Maßstab kirchlicher Einheit? Was ist überhaupt die Kirche? Wie muß sie vom Willen des Herrn her beschaffen sein? Das sind große Fragen, die man nicht in wenigen Sätzen angemessen behandeln kann; unser Überlegen wird Jahr auf Jahr darauf neu zurückkommen müssen.

Sie ist die Sammlung der Menschen zum Volk Gottes hin, und diese Sammlung schließt Reinigung, Bereitung für Gottes Willen ein. Die Kirche wird jeweils Volk Gottes in dem Maß, in dem sie sich wahrhaft sammeln und reinigen läßt. So wird schon etwas sehr Wichtiges darüber sichtbar, was für die Kirche wesentlich ist: Zu ihr gehört das Zuhören auf Jesu Wort und das Mitgehen mit diesem Wort; dieses Mitgehen schließt die Bereitschaft zur Buße, zur Selbstkorrektur ein. Wir können es auch noch einfacher sagen: Zum Christsein, das die Kirche aufbaut, gehört der Glaube, der mitglaubt mit dem Ganzen der lebendigen Kirche. Glaube aber verlangt immer wieder Bekehrung, die gegen alle Selbstherrlichkeit sich am Maß des gemeinsamen Glaubens mißt und sich von ihm her reinigen läßt . . .

Zur Kirche und so zum Christsein gehört der Glaube mit dem gemeinsamen Bekenntnis; es gehören dazu die Sakramente, die die Kirche vom Herrn her

empfangen hat. In beiden Aussagen ist aber noch ein drittes Moment miteingeschlossen, das ich in diesem Brief nur noch kurz andeuten möchte. Dieses dritte Element wird sichtbar, wenn wir uns an die bekannte Stelle erinnern, in der Jesus dem Petrus die Vollmacht des Bindens und Lösens überträgt.
Im Wissen um die Endgültigkeit dieses Abschieds bindet er ihnen die Worte auf die Seele: „Achtet ... auf die ganze Herde, in der euch der Heilige Geist zu Vorstehern bestellt hat, damit ihr die Kirche Gottes weidet, die er euch durch das Blut seines eigenen Sohnes erworben hat" (Apg 20, 28). Das heißt: Christus hat die Kirche nicht auf Prinzipien gebaut, sondern auf Menschen, und er wollte seinen Geist nicht anonym wirken lassen, sondern durch die persönliche Verantwortung von Menschen hindurch, die er als seine Diener beruft. Die Einheit mit den Nachfolgern der Apostel und deren Einheit mit dem Nachfolger des heiligen Petrus gehört zur grundlegenden Bauform der Kirche; an dieser Einheit können wir immer wieder messen, ob wir nur uns selber folgen oder ob wir uns wirklich ins Ganze der Kirche aller Orte und aller Zeiten hineingeben, die ob dieser Ganzheit die katholische heißt.
In dem mannigfaltigen Streit, der in den letzten Jahren viele verwirrt und unsicher gemacht hat, sollten wir uns an diesen Maßstäben prüfen. Nicht jeder einzelne kann in jeder Frage sofort und eindeutig entscheiden, was wahr und was falsch ist. Das ist auch nicht notwendig. Die Kirche ist ein lebendiger Organismus, zu dem die Geduld des Wachsens und des Reifens gehört. Aber wer sein Christsein durch das Mitbeten und Mitleben der Eucharistie vollzieht, wer Glauben als immer neue Bereitschaft der Buße und der Bekehrung zum gemeinsamen Bekenntnis der Kirche aller Zeiten hin lebt, wer die Kirche in der Einheit mit dem Petrus-Nachfolger und mit der weltweiten Gemeinschaft der Bischöfe sucht, der erhält ein inneres Augenmaß, das ihm hilft, Spreu und Weizen zu unterscheiden. Solches Christsein wird weitherzig und frei, ohne Bissigkeit und ohne verkrampfte Enge, aber es verläuft sich auch nicht ins Unverbindliche oder gar in scheinchristliche Ideologien hinein. Solches Christsein wird großzügig und froh, nicht durch Ausweichen vor den wesentlichen Fragen, sondern gerade durch das ruhige Stehen auf dem festen Grund der Wahrheit unseres Herrn. Um dieses frohgemute und lebendige Christsein, in dem der Friede des Auferstandenen widerleuchtet, wollen wir beten und uns mühen. Zu solchem Christsein gebe uns seinen Segen der allmächtige Gott, der Vater und der Sohn und der Heilige Geist. Amen.

Ihr Erzbischof
Joseph Ratzinger

Besinnung auf den Vorangegangenen

Predigt zum ersten Jahrestag des Todes von Julius Kardinal Döpfner im Münchener Liebfrauendom am 23. Juli 1977

In seinem ersten Hirtenbrief im Oktober 1948 hat er mit der ihm eigenen Eindringlichkeit und Lebendigkeit den Sinn seines Wahlspruches* als ein Programm für Hirt und Herde ausgelegt; und wenn man heute diesen ersten Hirtenbrief wieder liest, ist es, als ob sein ganzes fast 30jähriges Hirtenamt darin enthalten und ausgesagt wäre. Was er damals in Worte gefaßt hat, hat er dann mit Last und Gnade seines Dienens erfüllt weit über das hinaus, was er in jener Stunde ahnen konnte. Und so wird gleichsam der Dienst seines Lebens ausgelegt durch sein erstes Wort. Dieses wieder gewinnt seinen Gehalt durch seinen ganzen Weg, und durch beides hindurch spricht er uns an.

„Nos autem praedicamus Christum crucifixum — Wir aber verkündigen Christus, den Gekreuzigten", dieses Wort sollte seiner Absicht nach zuerst einmal ein Wort des Trostes an das zerschlagene Volk eines Bistums sein, dessen Bischofsstadt in einer der grausamsten und sinnlosesten Bombardierungen am Ende des Krieges fast völlig zerschlagen worden war. Er wollte damit sagen, wir glauben nicht an einen Gott, der in einer fühllosen Ferne lebt, sondern der Gott, an den wir glauben, ist herabgestiegen bis in die Nacht unseres Leidens. Er weiß, was Leiden heißt, denn er hat mitgelitten. Gerade im Leiden begegnen wir ihm, nimmt er uns mit auf den Weg zu sich und verwandelt unser Leben. Julius Döpfner hat sich damals nicht gescheut zu gestehen, daß er dieses Wort auch als Trostwort für sich verstand. Er schrieb: „Ich will der erste Kreuzträger unseres Bistums sein, indem ich die schmerzende Last frohgemut trage, die sich unter den Ehrungen des Bischofsamtes verbirgt."

Er bekam die Last schwer und immer neu zu spüren. Zuerst in den Mühsalen des Wiederaufbaus. Dann, als dies Gestalt gewonnen hatte und Jahre der Ruhe zu kommen schienen, kam der Ruf nach Berlin, der ihn aus der geliebten Heimat, in der er mit ganzer Seele verwurzelt war, wegholte an jene neuralgische Stelle unseres Vaterlandes, wo der Riß des verlorenen Krieges, der Deutschland zerteilt, immer frisch blutet. Ständig war er in das Hin und Her zwischen den zwei Machtblöcken hineingestellt. Als er dort eingewurzelt war, diese Stadt ihn und er sie liebgewonnen hatte, erging der Ruf nach München.

* „Wir aber verkündigen Christus, den Gekreuzigten."

In der Teilung zwischen Bistum und Weltkirche, zwischen Seelsorge und Konzil und all den Aufgaben, die hernach an ihn ergingen, war er ständig auseinandergerissen im Dienst für das Ganze und doch immer mit ganzer Seele und ganzer Kraft gegenwärtig. Er hat sozusagen mit dem Ja zum bischöflichen Amt das Privateigentum an seinem Leben aufgegeben, darauf verzichtet, sich selbst, sein eigenes Leben zu leben, um das Wort wahrzumachen: „Leben wir, so leben wir dem Herrn", nicht mehr sich lebend, sondern einfach ihm übereignet. So ist er auch gestorben. Gerade darin konnte er freilich auch die Freude und die Freiheit des Kreuzes Christi erfahren. Denn enteignet an den Herrn, braucht der Mensch nicht mehr umzuschauen nach sich selbst, nicht mehr zu sorgen um sich selber, sondern in seinen Händen stehend weiß er, daß er in guten Händen ist, denen er trauen darf, frei von der Sorge, sich selbst zu behaupten, in einer Freiheit, die nur die Hingabe an den Dienst des anderen, des gemeinsamen Herrn schenken kann.

„Nos autem praedicamus crucifixum — Wir predigen den Gekreuzigten." Für Julius Döpfner war dies dann ein Wort der Wegweisung. Denn Christus war ja deshalb in dieser Welt ein Leidender, weil er ein Liebender war. So sah Julius Döpfner in diesem Wort des heiligen Paulus Wegweisung in die Mitte des Christlichen, in die gemeinsame Liebe der Glaubenden hinein. In seinem Hirtenbrief verstand er dies vor allen Dingen als Anruf, in der Not zueinanderzustehen, miteinander zu teilen, miteinander zu tragen, füreinander aufzubauen. In späteren Jahren kam noch eine unerwartete Bedeutung dazu. Es war ja die Zeit, in der die Kirche im Aufbegehren ganz neuer Fragen förmlich auseinanderzubrechen drohte, in einem Gegeneinander, das die gemeinsame Mitte des Christseins nicht mehr sehen konnte. Es war die eigentliche Last und Größe der letzten zehn Jahre seines Dienstes, daß er im Gegeneinander der Auseinanderstrebenden die Kirche zusammengehalten hat, daß er sie an die beiden Enden und ausgespannt an das Kreuz des Herrn hingehalten und in ihm die gemeinsame Mitte gewiesen hat. Was er mit der Synode wollte, ist zuletzt von hier aus zu verstehen. „Synodos" heißt Weggemeinschaft, Miteinandergehen. Dies suchte er, ausgespannt zwischen den Enden: das Miteinander neu zu schaffen, die Weggemeinschaft zu schaffen in dem, der allein der wahre Weg ist und der uns über die Grenzen unserer Temperamente und Meinungen hinweg einen kann und einen muß . . .

Julius Kardinal Döpfner hatte Gelegenheit genug, um in dem Gegeneinander und auch in dem neu aufbrechenden Spott und der Verachtung dieser Welt das Bekenntnis zum Gekreuzigten furchtlos immer neu aufzurichten. Und auf solche Weise redet er gerade auch uns hier und heute an, denn wir leben nach wie vor und in wachsendem Maße in einer Kultur, die, ihrem wahren Ursprung

zuwider, anstatt von der Verehrung des Heiligen von seiner Verhöhnung lebt und sich auch nicht scheut, das heilige Zeichen unserer Erlösung zum Requisit ihrer niedrigen Späße zu machen. Wir aber verkündigen Christus den Gekreuzigten.

Der Hirtenbrief schließt mit dem Aufruf: „Auf denn zur fröhlichen, auf denn zur Kreuzfahrt des Herrn, denn unter seinem Banner werden wir den Sieg erringen." Die Kreuzfahrt, zu der Julius Döpfner sich damals aufmachte, ist ihm oft genug zum Kreuzweg geworden. Aber gerade so wußte er sich auf dem Weg zum Sieg, zu jenem Sieg, den das heutige Evangelium mit den Worten umschreibt: „Sie sollen meine Herrlichkeit schauen." Im Totenbuch der Kirche fand ich gestern diesen Satz von ihm dick unterstrichen; er war ihm in die Seele gedrungen. Er klingt ineinander mit dem letzten Wort, das er an die Öffentlichkeit seines Bistums gesprochen hat, das um das Psalmgebet kreiste: „Dein Antlitz, Herr, will ich suchen." Rückschauend muß uns dieses Wort geradezu wie ein Testament und wie die Summe seines ganzen Lebens erscheinen, aus der sich ebenso die Dynamik wie die Festigkeit dieses Lebens erklärt. Und so spricht er heute noch einmal dieses Wort an uns und gibt es uns mit auf den Weg: „Dein Antlitz will ich suchen, Herr; ja, Dein Gesicht suche ich."

Die Erzbischöfe von München und Freising

Im Jahr 1803 war der letzte Freisinger Fürstbischof gestorben und das 724 gegründete Bistum der Säkularisation anheimgefallen. Nach dem Konkordat von 1817 zwischen Papst Pius VII. und König Max Joseph I. wurde die Diözese als „München und Freising" zum Erzbistum erhoben und der Bischofssitz in die Residenzstadt München verlegt.

LOTHAR ANSELM FREIHERR VON GEBSATTEL

wurde zum ersten Erzbischof ernannt. Der gebürtige Würzburger erhielt am 1. November 1821 die Bischofsweihe und wurde vier Tage später als Erzbischof inthronisiert. L. A. von Gebsattel errichtete in Freising das Knabenseminar und konnte mit königlicher Hilfe zahlreiche während der Säkularisation geschlossene Klöster wieder eröffnen. Er war ein nachhaltiger Förderer des kirchlichen Lebens und machte sich als wohltätiger Bischof einen Namen. Erzbischof von Gebsattel starb am 1. Oktober 1846 auf einer Firmungsreise in Mühldorf.

KARL AUGUST GRAF VON REISACH

Koadjutor des Erzbischofs von Gebsattel, vorher Bischof von Eichstätt, wurde am 25. Januar 1847 als neuer Erzbischof von München und Freising inthronisiert. Er wandte sich sowohl gegen radikale revolutionäre Tendenzen als auch gegen antirömische Bestrebungen und vertrat auf der ersten Versammlung der bayerischen Bischöfe in Freising (1850) nachhaltig die Rechte der Kirche. Die Erhebung zum Kardinal am 17. Dezember 1855 brachte ihm die Umsiedlung nach Rom und ein neues Arbeitsfeld an der Kurie. Kardinal von Reisach starb am 16. Dezember 1869 in Savoyen.

GREGOR VON SCHERR

der Nachfolger Kardinal Reisachs, wurde bereits am 6. Januar 1856 ernannt. In Neunburg vorm Wald geboren, zuletzt Abt von Metten, bemühte er sich als Erzbischof vor allem um eine Verbesserung der seelsorglichen Verhältnisse im Erzbistum. Während seiner Amtszeit wurde der Liebfrauendom in München neugotisch restauriert, das Knabenseminar in Scheyern gegründet und der Korbiniansverein zur Förderung geistlicher Berufe ins Leben gerufen. Aus gegebenem Anlaß rief Gregor von Scherr mehrmals die bayerischen Bischöfe zu Konferenzen zusammen. Nach seiner Rückkehr vom 1. Vatikanischen Konzil hatte er sich mit der Bewegung des Altkatholizismus auseinanderzusetzen. Gregor von Scherr starb am 24. Oktober 1877.

ANTONIUS VON STEICHELE

vorher Dompropst in Augsburg, wurde nach fast einjähriger Sedisvakanz am 13. Oktober 1878 zum neuen Erzbischof ernannt. Steicheles Fürsorge galt vor allem den Bildungseinrichtungen im Erzbistum und der Gründung neuer Kirchen in München. Im Juni 1888 veranlaßte er eine Zusammenkunft der bayerischen Bischöfe in Freising, auf der ein Memorandum über die Lage der katholischen Kirche in Bayern verfaßt wurde. Erzbischof von Steichele starb am 9. Oktober 1889 in Freising.

ANTONIUS VON THOMA

wurde noch am 30. Dezember des gleichen Jahres zum Nachfolger ernannt, der erste Priester aus der Erzdiözese als Erzbischof von München und Freising. Am 1. März 1829 als Kind armer Leute in Nymphenburg geboren und in Ingolstadt aufgewachsen, war er der erste Schüler an der Studienanstalt in Scheyern. Pfarrer von Hl. Geist in München, später Dompfarrer, war er 1889 Bischof von Passau geworden und wurde am 21. April 1890 in einem wahren Triumphzug als Erzbischof eingeführt. Erzbischof von Thoma war ein Förderer des kirchlichen Vereinswesens und in seinem Bistum überaus beliebt. Er starb am 24. November 1897 an einem Herzanfall.

FRANZ JOSEPH VON STEIN

war bereits 66 Jahre alt und Bischof von Würzburg, als er am 24. Dezember 1897 zum Erzbischof von München und Freising ernannt wurde. Der gebürtige Unterfranke war ein profunder Kenner des Alten Testaments und hatte an der Universität Würzburg Moral- und Pastoraltheologie gelehrt. Als Bischof war er ein eifriger Förderer der theologischen Bildung seiner Priester und unentwegt auf Firmungsreisen. Erzbischof von Stein starb am 4. Mai 1909, konnte aber noch die Herausgabe des neuen Gebet- und Gesangbuches „Gottesdienst" erleben, das ihm ein Herzensanliegen war.

FRANZISKUS VON BETTINGER

Dompfarrer zu Speyer, wurde bald nach dem Tod von Erzbischof von Stein zum neuen Münchner Erzbischof ernannt und trat sein Amt am 23. Mai 1909 an. Der Sohn eines Landstuhler Schmieds war damals bereits 59 Jahre alt, aber „körperlich und seelisch jung geblieben". Am 25. Mai 1914 zum Kardinal ernannt, war Bettinger im Ersten Weltkrieg Feldpropst der bayerischen Armee. Seine vorrangige Sorge galt den Arbeitern, Studenten, den Soldaten und der Jugend. Es waren noch keine acht Jahre seit seiner Ernennung vergangen, als Kardinal Bettinger über einem Brief anläßlich des erstmals bevorstehenden Festes der Patrona Bavariae am 12. April 1917 zusammenbrach und starb.

MICHAEL VON FAULHABER

Sohn eines Bäckermeisters und Landwirts im fränkischen Klosterheidenfeld, war 48 Jahre alt und bereits sieben Jahre Bischof von Speyer, als er am 26. Mai 1917 zum Erzbischof von München und Freising ernannt wurde. Inmitten des Zusammenbruchs und der revolutionären Wirren war er ein Verfechter staatlicher Ordnung und kirchlicher Freiheit. 1921 wurde er zum Kardinal ernannt. Zu Beginn der nationalsozialistischen Ära warnte er vor dem totalitären Staat und ließ sich auch durch Drohungen nicht einschüchtern. In den Bombennächten des 2. Weltkrieges blieb er in seiner Bischofsstadt und trat nach dem Krieg entschieden dem Vorwurf einer Kollektivschuld des deutschen Volkes entgegen. Er starb am 12. Juni 1952.

JOSEPH WENDEL

stammte aus Blieskastel an der Saar und war seit 1943 Bischof von Speyer. Am 9. November 1952 wurde er im Alter von 51 Jahren nach München berufen und 1953 zum Kardinal ernannt. Höhepunkt seines Wirkens war der Eucharistische Weltkongreß im Jahr 1960, der wesentlich von ihm mitgestaltet wurde. Gerade weil er schwer am spürbaren Rückgang des religiösen Lebens trug, lag ihm die Förderung der Liturgie und die aktive Beteiligung der Gläubigen sehr am Herzen. Das Haus der von ihm gegründeten Katholischen Akademie in München, eine Stätte geistiger Auseinandersetzung der Kirche mit der Welt, trägt seinen Namen. Kardinal Wendel starb nach der Silvesterpredigt des Kongreßjahres am 31. Dezember 1960.

JULIUS DÖPFNER

war 35 Jahre alt, als er 1948 zum Bischof von Würzburg ernannt wurde. 1957 wurde der aus dem fränkischen Rhönort Hausen stammende Würzburger Bischof nach Berlin berufen und 1958 zum Kardinal ernannt. Am 30. September 1961 wurde Kardinal Döpfner als Erzbischof von München und Freising inthronisiert. Wie keiner seiner Vorgänger wurde er durch überdiözesane Aufgaben beansprucht. Er war beteiligt an der Vorbereitung des 2. Vatikanischen Konzils und prägte es als Moderator entscheidend mit. Vom 2. Dezember 1965 bis zu seinem Tod war er Vorsitzender der Deutschen Bischofskonferenz. In dieser Eigenschaft und als Präsident der Gemeinsamen Synode von Würzburg gab er der deutschen Kirche und der Weltkirche entscheidende Impulse, ohne darüber sein eigenes Bistum zu vergessen. Er starb am 24. Juli 1976, von Hunderttausenden tief betrauert.

Das Wappen

Das Wappen des Münchner Erzbischofs ist viergeteilt und weist im ersten und vierten Feld einen goldenen Mohrenkopf mit roten Lippen, roter Krone, roten Ohrringen und einer Halskrause auf. Der Mohr ist die traditionelle Wappenfigur der Freisinger Fürstbischöfe und seit dem 14. Jahrhundert belegt.

Das blaue, zweite Feld zeigt einen schreitenden goldenen Bären mit einem silbernen Packsattel. Er versinnbildet den Inhaber des bischöflichen Amtes als Lastträger Gottes und erinnert — als Korbiniansbär — an den ersten Bischof von Freising.

Das dritte Feld ist von Blau und Silber wellenförmig geteilt und mit einer Jakobsmuschel — oben gold und unten blau — belegt. Die Muschel verweist auf den augustinischen Gedanken von der Unerschöpflichkeit Gottes und als „Pilgermuschel" auf das Gottesvolk unterwegs, als dessen Hirte sich der Bischof weiß. Als Jakobsmuschel befindet sie sich auch im Wappen des Regensburger Schottenklosters, in dem heute das Priesterseminar dieser Nachbardiözese untergebracht ist — langjährige Wirkungsstätte des Münchner Erzbischofs in seiner Zeit als theologischer Lehrer. Silber und Blau in diesem Feld deuten auf die Landesfarben von Bayern.

Hinter dem Schild steht ein goldenes doppeltes Vortragskreuz, darüber ein roter Kardinalshut mit links und rechts herabhängenden roten Quasten.

Unten wird das Wappen durch den Wahlspruch „Cooperatores veritatis" abgeschlossen: Mitarbeiter der Wahrheit zu sein — dieses Wort aus dem 3. Johannes-Brief drückt aus, daß sich der Bischof als Mitwirkender in einem größeren Ganzen weiß, der mitträgt, aber auch selbst getragen wird. So wird auf der einen Seite der Dienstcharakter des bischöflichen Amtes unterstrichen, ebenso aber auch der unaufgebbare Anspruch der Wahrheit des Evangeliums, der sich der Bischof durch sein Amt verpflichtet weiß.

Aus meinem Leben*

Marktl am Inn, der Geburtsort des elften Münchner Erzbischofs, liegt in der Diözese Passau. Joseph Ratzinger war zwei Jahre alt, als die Familie in das Gebiet der Erzdiözese München und Freising übersiedelte. Hier setzen auch die Erinnerungen an die Tage der Kindheit ein.

An Marktl am Inn, wo ich am 16. April 1927 geboren wurde, habe ich — mit Ausnahme des Autos der Zahnärztin, das mich ungeheuer fasziniert haben muß — keine Erinnerung mehr. Bedingt durch den Beruf des Vaters — er war Gendarmerie-Kommissar —, sind wir 1929 nach Tittmoning umgezogen, um dort für drei Jahre zu bleiben.

Diese drei Jahre sind in meiner Erinnerung eine besonders schöne und traumhafte Zeit. Einmal die kleine Stadt mit ihrem wunderbaren Stadtplatz, den schönen Kirchen, der Burg und der Wallfahrt, dann die Salzach und die Wanderungen bis hinüber nach Österreich. Hinzu kamen viele freundschaftliche Beziehungen zu Familien in der Stadt. Neben dem überzeugenden religiösen Leben zu Hause hat mich damals vor allem der geheimnisvolle Glanz der Klosterkirche mit ihrer barock gestalteten Liturgie fasziniert.

Aber auch die immer deutlicher werdende Agonie der Weimarer Republik prägte sich der kindlichen Erinnerung ein. Es war ja ununterbrochen Wahlkampf, und ich sehe noch heute die Plakatsäulen vor mir. Nicht verborgen blieb uns Kindern auch die zunehmende Sorge um die Zukunft, zumal sich für unseren Vater die Scherereien mit den Nazis häuften.

Als dann unsere Familie im Dezember 1932 nach Aschau bei Kraiburg zog, war das in mancher Hinsicht ein starker Kontrast. Wir haben uns aber schnell in das dörfliche Leben eingewöhnt und dort ein wirkliches Zuhause gefunden. Noch viel deutlicher prägte sich jetzt der Widerstreit ein, in den sich mein Vater nach der Machtergreifung durch die Nazis versetzt sah: einerseits Diener der Staatsgewalt sein zu müssen und anderseits deren Inhaber zutiefst zu verabscheuen.

Wenn ich mich, zwar zeitlich etwas verschoben, aber doch weitgehend parallel mit meinem Bruder, in den kommenden Jahren mit dem Gedanken an den Priesterberuf vertraut machte, dann war dafür — neben der mehr gemütsbetonten Gläubigkeit unserer Mutter — die kraftvolle, entschieden religiös aus-

* Dieser autobiographische Text ist die vom Herausgeber Karl Wagner formulierte Niederschrift eines Gespräches, das ihm Kardinal Ratzinger am 30. September 1977 gewährte.

Joseph Ratzinger, der Vater des Kardinals, wurde am 6. März 1877 in Rieckering bei Schwanenkirchen in Niederbayern geboren. Als Gendarmerie-Kommissar trat er 1937 in den Ruhestand. Er starb am 25. August 1959.

Maria Ratzinger, die Mutter, wurde am 8. Januar 1884 in Mühlbach bei Rosenheim geboren. Sie starb am 16. Dezember 1963 in Traunstein. Die Eltern von Kardinal Ratzinger ruhen auf dem Friedhof von Regensburg-Ziegetsdorf.

gerichtete Persönlichkeit unseres Vaters ausschlaggebend. Er dachte anders, als man damals denken sollte, und das mit einer souveränen Überlegenheit, die überzeugte. Er hat viel gelesen, war politisch sehr interessiert, aber das Religiöse war auf eine sehr männliche und totale Art die Grundthematik seines Lebens.

Dem Beispiel meines Bruders folgend, bin ich sehr bald Ministrant geworden und konnte so ganz konkret in die kirchliche Gemeinschaft hineinwachsen und sie von ihrem inneren Gehalt her kennenlernen. Dies um so mehr, als bereits die ersten Spuren der liturgischen Bewegung in unsere dörfliche Abgeschiedenheit gedrungen waren. Hier ging uns eine größere, geistige Welt auf, die sich uns überzeugend darstellte. Natürlich haben wir zu Hause auch begonnen, Pfarrer zu spielen, während mich in der Aschauer Kirche besonders die Ölbergandacht und die Feier der Auferstehung beeindruckt hat. Die ganze Kirche war verdunkelt. Unsichtbar hinter den Fenstern standen junge Männer. Wenn dann der Pfarrer das „Christus ist erstanden" anstimmte, fielen mit einem Schlag alle Vorhänge, und die Kirche war von Licht durchflutet. Unvergessen bleiben auch die gelegentlichen Fahrten nach Altötting und die Erinnerung an die nur fünf Kilometer entfernte Barockkirche des Klosters Au, wo meine Schwester die Mittelschule besuchte.

Eine Erinnerung an die Aschauer Tage. Ende 1932 war die Familie nach Aschau bei Kraiburg umgesiedelt. Für den späteren Kardinal begann hier die Schulzeit. Hier wurde auch erstmals der Wunsch nach dem Priesterberuf wach, für den neben der Gläubigkeit der Mutter die überzeugende Persönlichkeit des Vaters den Ausschlag gab.

Meine Traunsteiner Jahre

Noch vor Beginn des Krieges fand die Familie bei Traunstein, das Kardinal Ratzinger als seine eigentliche Heimat betrachtet, eine endgültige Bleibe. Hier erfolgte der Eintritt in das Knabenseminar und die Vorentscheidung für den späteren beruflichen Weg.

1937 war der Vater in den Ruhestand getreten und hatte in Hufschlag bei Traunstein ein altes Bauernhaus gekauft. Das war nach heutigen Maßstäben nicht gerade komfortabel, aber mit Wiese und Garten, dem nahen Wald und dem Blick zu den Bergen unbegreiflich schön.

Traunstein bedeutete für mich auch den Beginn des Gymnasiums, in dem mich erstaunlicherweise weniger der Religionsunterricht faszinierte, um so mehr aber die alten Sprachen — eine Vorliebe, die mir bis heute geblieben ist. Der Aufenthalt im dortigen Knabenseminar, in das ich 1939 eintrat, war freilich nur ein kurzes Gastspiel. Im Herbst war ja der Krieg ausgebrochen, das Haus wurde zum Lazarett umfunktioniert. Vom Seminar aus waren wir zwar noch einige Zeit in verschiedenen Häusern der Stadt einquartiert, bis ich schließlich 1941 wieder zu Hause landete. Es ist mir übrigens gar nicht so leichtgefallen, mich in die Mentalität der Gruppe und in den Lebensrhythmus des Seminars einzugewöhnen. Schließlich hat mir aber gerade dies auch geholfen, den eigenen Standpunkt zu finden.

Die Berufsentscheidung war inzwischen weitgehend gefallen. Über dieses Thema wurde zu Hause ganz selbstverständlich gesprochen. Ansonsten war die religiöse Praxis in unserer Familie unkompliziert nüchtern. Zu allen Mahlzeiten wurde gebetet. Mit Beginn der Volksschulzeit wurde mir der tägliche Kirchgang zur Selbstverständlichkeit. Wenn es sich fügte, holte der Vater am Samstag seine alte Evangelienerklärung hervor, um uns in das Evangelium des Sonntags einzuführen. Er legte auch großen Wert darauf, daß wir Kinder musizierten. Dadurch erhielt die Gestaltung der großen Feste daheim eine eigene Note.
So kam es auch, daß mein Bruder bereits mit acht oder neun Jahren in Aschau als Ersatzorganist tätig werden konnte. Ich selbst habe es freilich nicht viel weiter als bis zu Beethoven-Sonaten gebracht. Immerhin, als die Eltern ein billiges Klavier erstehen konnten, war das für uns ein großes Fest. Zumal wir ja keine großen Sprünge machen konnten, da die Dotierung des Vaters minimal war. Aber auch darin waren die Eltern überzeugend: sie lebten völlig anspruchslos, achteten jedoch entschieden darauf, daß wir Kinder nichts Notwendiges entbehren mußten.
Aus jenen Traunsteiner Jahren haben sich meiner Erinnerung aber auch die Kirchenmusik und die glanzvoll gestalteten Gottesdienste eingeprägt. Da konnte man Liturgie als Fest erleben. Besonders schön waren auch die Engelämter in jenen schneereichen und kalten Winterjahren. Und dann hat mich damals der Traunsteiner Prediger Georg Els — heute Kommorant in Bad Tölz — tief beeindruckt. Er war ein großer Kanzelredner und ein Meister des Wortes, der einen in dem angestrebten Berufsziel bestärken konnte.

Das Intermezzo des Krieges

Joseph Ratzinger war zwölf Jahre alt, als der Krieg ausbrach. Bei der Flak, zu der er mit 16 Jahren einberufen wurde, und im Arbeitsdienst erlebte er die sich zuspitzende Katastrophe. In diese Jahre fiel auch die endgültige Entscheidung für den Priesterberuf.

Inzwischen wurde das Kriegsgeschehen immer dunkler. Am 1. August 1943 wurde ich zur Flak einberufen und kam nach einer kurzen Zwischenstation in Untermenzing nach Ludwigsfeld. Unsere schulische Betreuung übernahm jetzt das Max-Gymnasium. Wir sollten hier das BMW-Werk beschützen und waren in einem Zweiglager des Konzentrationslagers Dachau untergebracht. Lagerinsassen hatte man zur Arbeit im Werk abgestellt. Durch einen großen, von Wällen überhöhten Graben wurden sie von schwerbewaffneten SS-Män-

nern zur Arbeit geführt. Mochten sie hier auch besser behandelt werden als ihre Leidensgefährten in den eigentlichen Konzentrationslagern – die Abgründigkeit des Hitlerismus ließ sich nicht übersehen.
Die weiteren Stationen waren Unterföhring und Natters bei Innsbruck, bis es dann wieder in die Nähe Münchens nach Gilching zurückging. Dort hatten wir die Dornier-Werke zu beschützen und überstanden einige dramatische Angriffe. Inmitten der sich zuspitzenden Lage entstand aber auch eine unvergeßliche Gemeinschaft Gleichgesinnter, unter denen sich die Münchner viel mutiger zeigten als wir Provinzler. Wir erreichten sogar, daß wir nach Argelsried zum Gottesdienst und Religionsunterricht und nach Gilching in die Maiandacht gehen konnten.
Mit 17 Jahren gehörte ich dann bereits zur älteren Flakhelfer-Generation. Während jüngere an die Westfront verlegt wurden, kam für mich im Herbst 1944 kurioserweise die Entlassung. Der Arbeitsdienst im Dreiländereck von Burgenland schloß sich an. Wurde zunächst noch zwei Wochen lang das Ablegen des Spatens gedrillt, so spitzte sich die Lage nach der Kapitulation Ungarns schnell zu. Für den Bau eines Südostwalls hatte man in Eile Tausende von „freiwilligen" Fremdarbeitern mobilisiert, die wir bewachen mußten. Schießen hatten wir allerdings nie gelernt und obendrein ungeladene Gewehre. Dafür aber haben wir uns mit diesen Menschen gut verstanden.
Ein bedrückendes Erlebnis am Rande war der Leidensweg der ungarischen Juden, die in langen Zügen an uns vorüberzogen.
Ende 1944 rückte die Front immer näher. Unser Geschick wurde durch eine

Die Familie Ratzinger im Juli 1951 nach der Doppelprimiz der Brüder Joseph und Georg in Traunstein. In den Jahren der Regensburger Lehrtätigkeit von Joseph Ratzinger (1969 bis 1977) führten die Wege der beiden Brüder wieder zusammen. Der heutige Prälat Georg Ratzinger, der die Theologie mit dem Dienst an der »musica sacra« verband, ist in Regensburg Domkapellmeister und Leiter der Domspatzen.

Joseph Ratzinger war gerade zehn Jahre alt, als sein Vater in den Ruhestand trat und in Hufschlag bei Traunstein dieses alte Bauernhaus für die Familie kaufte. Das heute noch bewohnte kleine Haus war zwar nicht übermäßig komfortabel, wurde aber nach den »Wanderjahren« der Familie zur endgültigen Heimat, mit der für Kardinal Ratzinger unvergeßliche Erinnerungen verbunden sind.

kuriose Entscheidung gewendet, die allen sonstigen Praktiken widersprach: anstatt in die Truppe übernommen zu werden, wurden wir am 20. November 1944 entlassen und nach Hause geschickt. Der Krieg tobte, wir aber waren drei Wochen wie vergessen. Von München aus ging es dann nach Traunstein zurück, wo ich zunächst durch eine Blutvergiftung dienstunfähig war. In dieser Zeit, da alles an die Front geworfen wurde, bekamen wir neue Uniformen und marschierten in voller Waffenrüstung – offenbar zur Demonstration der Wehrkraft – immer wieder durch die Straßen der Stadt.
Anfang Mai 1945 hielt ich es an der Zeit, mich dem Inferno zu entziehen – eine sehr problematische Entscheidung, da sich zu Hause die Waffen-SS einquartiert hatte. Doch mein Schritt blieb ohne Folgen, bis schließlich die Amerikaner kamen, die in unserem Haus ihr Hauptquartier errichteten. Sie erkannten mich als Soldaten: ich mußte die Uniform anziehen, „Händehoch" machen und feierlich in die Gefangenschaft gehen.

Das Erzbischöfliche Studienseminar in Traunstein liegt an der Kardinal-Faulhaber-Straße. Auch das Portal erinnert an diesen großen Münchner Erzbischof. Das Studienseminar zählt Kardinal Joseph Ratzinger mit berechtigtem Stolz zu seinen Schülern. Er war 1939 hier eingetreten. Wenig später wurde das Haus zum Lazarett umfunktioniert.

Es folgten hungrige Tage im Gefangenenlager von Neu-Ulm. Nach sechs Wochen aber wurde ich am 19. Juni nach Hause entlassen, einen Monat später kehrte mein Bruder aus Italien heim. Aus dem Seminar in Traunstein war das Lazarett ausgezogen, so daß wir uns bei der Wiedereinrichtung als Hilfsspediteure nützlich machen konnten.

Ich wußte, wo ich hingehörte

Die Jahre des Studiums nach Kriegsende waren äußerlich von manchem Notbehelf geprägt, mehr aber noch von der Dankbarkeit für den Neubeginn. Heizprobleme im Freisinger Seminar und räumliche Enge in Fürstenried konnten dem begeisterten Anfang keinen Abbruch tun.

Im Januar 1946 war es dann endlich so weit, daß die Freisinger Hochschule ihre Tore öffnete. In meinem Zeugnis vom Max-Gymnasium stand der Hinweis, daß seinem Inhaber, sollte er zu seinem normalen Abiturtermin — für mich war das der April 1945 — noch der Wehrmacht angehören, der Reifevermerk auszuhändigen sei. In dieser Hinsicht hatte der Krieg für mich gerade lang genug gedauert, um diesen Status herbeizuführen. An meinem Berufsziel gab es jetzt keinen Zweifel mehr. Nicht zuletzt die schwierige Zeit beim Arbeitsdienst hatte die innere Auseinandersetzung und die letzte Klärung gefördert. Ich wußte, wo ich hingehörte.
Jetzt, nach dem Ende des Krieges, merkte man erst richtig, wie sehr man unter der Tyrannei gestanden hatte. Und so war der Anfang in Freising eine Zeit des Aufatmens, des neuen Aufbruchs und christlicher Erweckung. Die Freude, daß das Warten vorbei war, daß man ins Studium eintauchen konnte, war groß. Mit meinen gut 18 Jahren stieß ich zu einer buntgemischten Schar unterschiedlichen Alters, darunter auch richtige Haudegen. Es war eine echte und große Gemeinschaft. Wohl jeder war froh, durchgekommen zu sein, und empfand den neuen Anfang als unverdientes Geschenk. Und es war geradezu ein Hunger da und ein Verlangen, seinen Glauben auszudrücken. Da gab es Leute, die in Breslau studiert hatten und von dem später ganz vergessenen Professor Bernhard Rosenmüller augustinisch geprägt waren; und alte Georgianer, die durch Theodor Steinbüchel mit existentialphilosophischen Fragestellungen vertraut waren; hinzu kam eine stark literarisch interessierte Gruppe. So waren die zwei Freisinger Jahre eine ungemein bereichernde Zeit, in der ich mich für die Philosophie geradezu erwärmte.
Im Herbst 1947 erfolgte der Umzug ins Georgianum nach München. Die Universität lag noch in Trümmern, die Theologische Fakultät war nach Fürsten-

ried verlegt. Wir waren dort in zwei Bauten, die heute zum Schülerzentrum gehören, untergebracht. Die ersten Vorlesungen hörten wir im Glashaus. Äußerlich war der Anfang hier primitiv. Wir schliefen, wie beim Militär, in Doppelbetten. Da bin ich manchmal nachts aufgewacht und dachte mir, wieder bei der Flak zu sein. Auch ging mir die Philosophie ab. Die Theologie erschien mir zunächst zu positivistisch. Aber das änderte sich bald. Da war ein Joseph Pascher, der uns die Türe zur liturgischen Bewegung weit aufstieß; und dann der temperament- und geistvolle Gottlieb Söhngen, der mich — obgleich er selbst kein historischer Typ war — mit der Welt der Kirchenväter vertraut machte.

Traunstein betrachtet Kardinal Joseph Ratzinger als seine eigentliche Heimat. Hier begann für ihn die Gymnasialzeit. Hier fand die Familie eine endgültige Bleibe. Aber die schöne Zeit dauerte nur kurz. Im Sommer 1943 erfolgte die Einberufung zur Flak, gut zwei Jahre später der Eintritt in das Freisinger Priesterseminar.

Die ersten Schritte zur Theologie

Zusammen mit seinem Bruder Georg wurde Joseph Ratzinger am 29. Juni 1951 im Freisinger Dom zum Priester geweiht. Für die seelsorgliche Praxis sollte aber nicht viel Zeit bleiben; denn bereits zu Beginn des Theologiestudiums deutete sich ein anderer Weg an.

Zusammen mit seinem Bruder Georg wurde Joseph Ratzinger am 29. Juni 1951 von Kardinal Faulhaber im Freisinger Dom zum Priester geweiht. Am 8. Juli feierten sie in Traunstein gemeinsam Primiz.

In der Begegnung mit Söhngen hat sich mein „theologisches Schicksal" sehr früh entschieden. Inzwischen war die Enzyklika über den Mystischen Leib Christi erschienen. Und als ich im Dezember 1947 bei Söhngen mein erstes Examen ablegte, bot er mir die Promotion an. In seinen Notizen blätternd, legte er mir auf dem Hintergrund der Enzyklika eine Arbeit über das „Volk Gottes" bei den Kirchenvätern nahe.
Natürlich habe ich damals auch die anderen theologischen Fächer mit Begeisterung studiert. Unter den prägenden Professoren jener Zeit ist der temperamentvolle Exeget Friedrich Wilhelm Maier zu nennen, der bereits vor dem 1. Weltkrieg wegen damals noch nicht zulässiger exegetischer Theorien gemaßregelt, aber später von dem Breslauer Kardinal Bertram wieder in das theologische Lehramt gebracht worden war — und dann natürlich Richard Egenter, Klaus Mörsdorf und Michael Schmaus. Zusammen mit den Professoren, die im gleichen Haus wohnten, bildeten wir eine einzige Familie.
Wieder zwei Jahre später erfolgte der Umzug in die Stadt. Ein Flügel des Georgianums war bereits aufgebaut. Die Küche fehlte noch. Zum Zimmer im zweiten Stock konnte man nur über das Freie gelangen. Inzwischen aber neigte sich die Studienzeit bereits dem Ende zu. Im Juni 1950 stand die Synodalprüfung an. Etwa zur gleichen Zeit schrieb Gottlieb Söhngen eine Preisarbeit aus und fragte, ob ich mich imstande sehen würde, das Thema von „Volk und Haus Gottes in Augustins Lehre von der Kirche" zu bearbeiten. Die Ferien bis zum Beginn des Diakonatsjahres in Freising und der Diakonatsweihe im Oktober waren deshalb reichlich ausgefüllt. Am 28. Juni 1951, einen Tag vor meiner

Von 1951 bis 1952 war Joseph Ratzinger als Kaplan in der Münchner Pfarrei Hl. Blut tätig. Dieses Jahr seelsorglicher Erfahrung mit Geistlichem Rat Max Blumschein und Kaplan Ludwig Braun ist unvergessen. Kardinal Ratzinger: »Ich konnte mir eigentlich gar nicht vorstellen, daß diese Erfahrung lediglich Interludium (ein Zwischenspiel) gewesen sein sollte.«

Priesterweihe, wurde das Ergebnis der Preisarbeit bekanntgegeben. Ich hatte den ersten Preis erhalten, erfuhr es aber erst nach der Weihe. Diese Tage der Priesterweihe und der gemeinsamen Primiz mit meinem Bruder Georg in Traunstein — sie zählen zu den schönsten Tagen in meinem Leben.
Mein erster Seelsorgseinsatz sollte dann in München-Bogenhausen sein. Aber zunächst galt es, in Moosach auszuhelfen. Der Pfarrer war krank, der Kaplan unerreichbar im Urlaub, ebenso Pfarrschwester und Mesner. In diesen vier Wochen ist nahezu alles passiert, was einem Seelsorger an kirchenrechtlichen Problemen begegnen kann.
Dann folgte das kostbare Jahr seelsorglicher Tätigkeit in Bogenhausen an der Seite des Geistlichen Rates Max Blumschein, der ein geistlicher Geistlicher war. Eine unvergeßliche Zeit mit bleibenden Eindrücken von der Schule, der Jugend, den Gruppen der Pfarrei und von den Begegnungen mit den Menschen im Beichtstuhl und am Krankenbett.
Als ich im Oktober 1952 als Dozent nach Freising berufen wurde, konnte ich mir eigentlich gar nicht vorstellen, daß diese Erfahrung endgültig vorbei und lediglich Zwischenspiel gewesen sein sollte.

Die Stationen meiner Lehrtätigkeit

Zahlreiche Priester aus dem Münchner Erzbistum haben zusammen mit ihrem späteren Erzbischof studiert, viele andere waren seine Schüler in den Jahren seiner Freisinger Lehrtätigkeit von 1952 bis 1959. Im Todesjahr des Vaters erfolgte die Berufung Ratzingers nach Bonn.

Der Anfang am Freisinger Priesterseminar war nicht ganz einfach, zumal ich damals noch jünger war als manche der Studenten. Umgekehrt aber hatte ich es nicht schwer, Kontakt zu finden, nicht zuletzt dank der überaus familiären Vorstandschaft unter Regens Michael Höck.
Im Jahr 1953 war ich dabei, meine Promotion abzuschließen, als der Freisinger Lehrstuhl für Dogmatik frei wurde. Diesen konnte ich 1954 übernehmen, nachdem der Garser Redemptorist P. Viktor Schurr ihn drei Semester lang vertreten hatte. Inzwischen begann ich die Arbeit an meiner Habilitation, die auf Anraten von Söhngen die Geschichtstheologie des heiligen Bonaventura zum Gegenstand hatte. Das damals nicht unumstrittene Ergebnis führte zur Habilitation im Frühjahr 1957 und erschien 1959 in Buchform.
Inzwischen erreichte mich im Sommer 1958 ein Ruf auf den Lehrstuhl für Fundamentaltheologie an der Universität Bonn, wo ich im Frühjahr 1959 die

Vorlesungen aufnahm. Die Bonner Zeit ist mir in besonders schöner Erinnerung. Der Anfang meiner Universitätstätigkeit fiel zusammen mit einer Zeit des Aufbruchs und vollzog sich in einer ausgeprägten Gemeinschaft mit den Studenten. In diese Jahre fällt auch die Begegnung mit dem Kölner Kardinal Joseph Frings, mit dem ich mich von Anfang an gut verstanden habe. Er kam gelegentlich in die Vorlesung und hörte sich dann auch in Bensberg meinen Vortrag über die Theologie des Konzils an. Wir trafen uns in Köln während einer Konzertpause wieder, wo er mich bat, für einen Vortrag in Genua einen Entwurf über „Das Konzil und die moderne Geisteswelt" zu liefern. Kardinal Frings übernahm den Text, dessen Inhalt sich heute äußerst harmlos darstellt, nahezu wörtlich. Dann aber erfuhr die Sache eine dramatische Wende. In Italien, wo es auch bedenkliche Stimmen gab, war die Rede des Kardinals bekannt geworden. Und eines Tages erhielt er die Aufforderung, beim Hl. Vater zu erscheinen. Als ihn der Sekretär mit den Kardinalsinsignien bekleidete, äußerte der damalige Kölner Erzbischof: „Vielleicht ziehe ich das heute zum letzten Mal an." Doch dann kam alles anders. Papst Johannes XXIII. eilte auf den Kardinal zu, umarmte ihn und sagte: „Lieber Cardinale, Sie haben all das gesagt, was ich gedacht habe und sagen wollte, selbst aber nicht sagen konnte."

In der Folgezeit schickte mir Kardinal Frings die Konzils-Schemata der Zentralkommission zu. Ich sollte vor den deutschen Bischöfen in diese Thematik einführen. Schließlich bat er mich, als theologischer Berater mit nach Rom zu fahren. Auf diese Jahre des Konzils, in denen man in besonderer Weise aus dem eigenen Raum heraustreten und den Atem der Geschichte und der Weltkirche verspüren konnte, blicke ich mit besonderer Dankbarkeit zurück. Sie gehören zu den schönsten Erfahrungen meines Lebens.

1963 folgte ich einer Berufung auf den Lehrstuhl für Dogmatik und Dogmengeschichte an der Universität Münster, obwohl mir der Abschied von Bonn sehr schwer fiel. Ebenso schwer war aber dann auch der Weggang von Münster nach Tübingen im Jahr 1966. Doch läßt sich nicht leugnen, daß dabei mein Drang nach dem Süden mit eine Rolle gespielt hat.
Hier in Tübingen wurde freilich sehr bald der Umbruch spürbar, der die Studentenrevolte ankündigte. Es war auf einmal schwer, gemeinsam zu diskutieren. Der Ton wurde ideologisch verbissen und auch gehässig. Die Universität, deren Dekan ich damals geworden war, verwandelte sich in einen brodelnden Kessel bis hin zu Tätlichkeiten gegen Professoren. Bei allem Verständnis für das Aufbegehren gegen einen Wohlstandspragmatismus ließ sich nicht übersehen,

daß sachliche Aussagen immer schwieriger wurden. So war ich froh, 1969 an die Universität Regensburg übersiedeln und das Experiment einer neugeschaffenen Universität mittragen zu können. Auch der bajuwarische Aspekt hat zu dieser Entscheidung beigetragen, die ich nie bereut habe. Hier konnte man etwas innehalten, seine theologische Synthese nochmals durchdenken und die eigenen Maßstäbe überprüfen.

Von 1958 bis 1963 lehrte Joseph Ratzinger Fundamentaltheologie an der Universität Bonn. In diese Jahre fällt auch die Begegnung mit dem damaligen Kölner Erzbischof Kardinal Joseph Frings, der den jungen Theologen mit zum Konzil nach Rom nahm. Entscheidende konziliare Weichenstellungen, die in der Kirchenkonstitution des 2. Vatikanischen Konzils ihren Niederschlag fanden, gehen auf Anregungen des Konzilstheologen Joseph Ratzinger zurück.

In dieser Zeit kamen zwei weitere Aufgaben hinzu: 1969 die Berufung in die Internationale Theologenkommission in Rom. Ihr ist zwar aus vielerlei Gründen eine größere öffentliche Wirksamkeit versagt. Sie ermöglicht es aber, den Kontakt des Konzils aufrechtzuerhalten und im großen Raum weltkirchlicher Fragestellungen beheimatet zu bleiben. Ähnlich steht es um die „Internationale Katholische Zeitschrift", deren übernationaler Radius nach und nach gewachsen ist. Dieser Versuch gelang zwar nicht ohne Mühe. Aber auch diese Zusammenarbeit in einem Team von Freunden gehört zu den befruchtendsten Erfahrungen der letzten Jahre, bis mich schließlich die Entscheidung des Hl. Vaters mit dem Ruf nach München in einen ganz neuen Aufgabenbereich gestellt hat.

Von Gott, Kirche und Christsein

*Aus Veröffentlichungen von Kardinal Ratzinger**

Von Gott Beschenkte

Vom christlichen Glauben her gilt demnach: Der Mensch kommt zutiefst nicht zu sich selbst durch das, was er tut, sondern durch das, was er empfängt. Er muß auf das Geschenk der Liebe warten, und Liebe kann man nicht anders denn als Geschenk erhalten. Man kann sie nicht selber, ohne den anderen, „machen"; man muß auf sie warten, sie sich geben lassen. Und man kann nicht anders *ganz* Mensch werden, als indem man geliebt *wird*, sich lieben läßt. Daß die Liebe des Menschen höchste Möglichkeit und tiefste Notwendigkeit in einem darstellt und daß dies Nötigste zugleich das Freieste und Unerzwingbarste ist, das bedeutet eben, daß der Mensch zu seinem „Heil" auf ein Empfangen angewiesen ist. Lehnt er es ab, sich solchermaßen beschenken zu lassen, zerstört er sich selbst. Eine sich selbst absolut setzende Aktivität, die das Menschsein allein aus Eigenem leisten will, ist ein Widerspruch zu seinem Wesen.

Aus: Einführung in das Christentum, S. 218

Frucht des Sterbens

So hat sich im Tod des Herrn das Geschick des Weizenkorns erfüllt: Wenn es nicht in die Erde fällt, so bleibt es allein; fällt es aber in die Erde und stirbt, so trägt es hundertfältige Frucht. Noch immer zehren wir von dieser Frucht des gestorbenen Weizenkornes: Im Weizenbrot der Eucharistie empfangen wir die unerschöpfliche Brotvermehrung der Liebe Jesu Christi, die reich genug ist, den Hunger aller Jahrhunderte zu sättigen und die freilich solcherweise auch uns in den Dienst dieser Brotvermehrung ziehen will. Die paar Gerstenbrote unseres Lebens mögen nutzlos erscheinen, der Herr aber bedarf ihrer und fordert sie ein.

* Wir danken den Verlagen für die freundlich erteilte Abdruckgenehmigung der nachstehenden Texte. Die vollständigen Quellenangaben zu den hier abgedruckten Texten finden Sie auf Seite 93 des Buches.

1953 promovierte Joseph Ratzinger mit einer Arbeit über das »Volk Gottes in Augustins Lehre von der Kirche«, vier Jahre später habilitierte er sich mit einem Werk über die Geschichtstheologie des hl. Bonaventura. Eine Fülle von Veröffentlichungen — Bücher und Beiträge in verschiedenen Zeitschriften — schloß sich an. Im Zentrum ihrer Thematik steht immer wieder die Frage nach dem Sinn des Christseins heute.

Die Sakramente der Kirche sind wie diese selbst Frucht des sterbenden Weizenkorns. Sie zu empfangen verlangt von uns, daß wir uns in jene Bewegung hineinbegeben, aus der sie selber kommen. Es verlangt von uns, einzugehen in jenes Sich-Verlieren, ohne das man sich nicht finden kann: „Wer sein Leben bewahren will, der wird es verlieren; wer es aber um meinetwillen und für das Evangelium verliert, der wird es bewahren" — dies Wort des Herrn ist die Grundformel christlichen Lebens. Glauben ist am Ende nichts anderes als das Ja-Sagen zu diesem heiligen Abenteuer des Sich-Verlierens, und er ist eben darin, von seinem innersten Kern her, nichts anderes als die wahre Liebe. So erhält christliches Leben seine prägende Gestalt vom Kreuz Jesu Christi her; und christliche Weltoffenheit, von der wir heute so viel sagen hören, kann ihr wahres Urbild nirgends anders finden als in der geöffneten Seite des Herrn, die Ausdruck jener radikalen Liebe ist, die allein erlösen kann.

Blut und Wasser entströmten dem durchbohrten Leichnam des Gekreuzigten. Was so zunächst Zeichen seines Todes ist, Ausdruck seines Scheiterns bis in den Abgrund des Sterbens hinab, ist zugleich schon neuer Beginn: Der Gekreuzigte wird auferstehen und stirbt nicht mehr. Aus der Tiefe des Todes steigt die Verheißung ewigen Lebens empor. Über dem Kreuz Jesu Christi leuchtet immer schon der sieghafte Glanz des Ostermorgens. Mit ihm vom Kreuz her leben heißt daher auch immer, unter der Verheißung der österlichen Freude leben.

Aus: Meditationen zur Karwoche, S. 13 f.

Licht in das letzte Dunkel

„Abgestiegen zu der Hölle" — dies Bekenntnis des Karsamstags bedeutet, daß Christus das Tor der Einsamkeit durchschritten hat, daß er abgestiegen ist in den unerreichbaren, unübersteigbaren Grund unseres Verlassenseins. Es bedeutet, daß auch in der letzten Nacht, in die kein Wort mehr dringt, in der wir alle wie weinende, ausgestoßene Kinder sind, eine Stimme ist, die uns ruft, eine Hand, die uns nimmt und führt. Die unübersteigliche Einsamkeit des Menschen ist überstiegen, seitdem *Er* in ihr war. Die Hölle ist überwunden, seitdem die Liebe auch in die Region des Todes eingetreten ist und das Niemandsland der Einsamkeit bewohnt wird von ihm. Der Mensch lebt im Tiefsten nicht vom Brot, sondern im Eigentlichen seines Menschseins lebt er davon, daß er geliebt wird und selber lieben darf. Seitdem es die Anwesenheit der Liebe im Raum des Todes gibt, gibt es Leben mitten im Tod: Deinen Gläubigen, Herr, wird das Leben nicht genommen, nur verwandelt, betet die Kirche in ihrer Totenliturgie.
Niemand kann es ausmessen, was es im Letzten heißt, dies Wort „abgestiegen zu der Hölle". Aber wenn wir selbst einmal auf die Stunde unserer letzten Einsamkeit zugehen, werden wir etwas von der großen Helligkeit dieses dunklen Geheimnisses begreifen dürfen. In der hoffenden Gewißheit, daß wir in jener Stunde tiefster Verlassenheit nicht allein sein werden, können wir jetzt schon ein weniges davon erahnen. Und mitten in unserm Aufbegehren gegen das Dunkel des Gottestodes beginnen wir, dankbar zu werden für das Licht, das gerade aus diesem Dunkel zu uns kommt.

Aus: Meditationen zur Karwoche, S. 25

Leben, als ob es Gott gäbe

Bonhoeffer hat in seinen Aufzeichnungen in der Gefangenschaft einmal bemerkt, heute müsse auch der Christ leben, quasi Deus non daretur — als ob es

Gott nicht gäbe. Er müsse Gott aus den Verstrickungen des Alltags heraushalten und sein irdisches Leben auf eigene Verantwortung gestalten. Ich würde demgegenüber lieber genau umgekehrt formulieren: Heute sollte auch derjenige, dem die Existenz Gottes, die Welt des Glaubens dunkel geworden ist, praktisch leben, quasi Deus esset — leben, als ob es Gott wirklich gäbe. Leben unter der Wirklichkeit der Wahrheit, die nicht unser Produkt, sondern unsere Herrin ist. Leben unter dem Richtmaß der Gerechtigkeit, die wir nicht bloß denken, sondern die Macht ist und uns selber mißt. Leben unter der Verantwortung vor der Liebe, die auf uns wartet und uns selber liebt. Leben unter dem Anspruch des Ewigen. Denn wer wach die Entwicklung lebt, wird einsehen, daß dies die einzige Weise ist, wie der Mensch gerettet werden kann. Gott — nur Er — ist die Rettung des Menschen; diese unerhörte Wahrheit, die uns solang eine kaum erreichbare Theorie schien, ist die praktische Formel unserer Geschichtsstunde geworden. Und wer sich, wenn auch vielleicht zuerst nur zögernd, diesem mühsamen und doch unausweichlichen Als-ob anvertraut — leben als gäbe es Gott —, der wird immer mehr gewahr werden, daß dieses Als-ob die eigentliche Wirklichkeit ist. Er wird mit ihrer Verantwortung ihrer erlösenden Kraft innewerden. Und er wird tief und unaustilgbar wissen, warum auch heute noch Christentum nötig ist als die wahrhaft frohe Botschaft, die den Menschen erlöst.

Aus: Dogma und Verkündigung, S. 455

Der Mensch, ein Bettler Gottes

Wir sollten uns gar nicht zu gut dünken, unser Dasein so vor Gott hinzustellen, wie es ist, und seine Grundsituation ist nun einmal die Hilfsbedürftigkeit, die Notwendigkeit, sich auszusprechen, sich anzuvertrauen, betteln zu dürfen. „Der Mensch ist ein Bettler Gottes“ sagt Augustinus, und es stimmt immer noch. Warum eigentlich verschließen wir uns so trotzig in eine Autarkie, die es gar nicht gibt? Warum verstecken wir uns hinter der düsteren Maske der Selbstbewältigung und verklemmen und verdrängen damit das Eigentlichste, eben diese fundamentale Angewiesenheit des Menschen darauf, rufen zu dürfen, reden zu dürfen, betteln zu dürfen: Es ist die fundamentalste Verdrängung unseres Jahrzehnts und der Kern so vieler Neurosen: die abgedrängte Mitte.
Warum also eigentlich nicht zuallererst Kyrie eleison — blinder Bettler an der Straße, an der wir Jesus vorbeikommen hören? Warum nicht wirklich vor

ihn unser Dasein hinlegen, einschließlich seiner Unfähigkeit zu glauben und zu beten? Gerade darin auch vollzieht sich unmittelbar Anbetung: Wenn wir wirklich Kyrie eleison sagen, wenn wir wirklich aus der Tiefe unserer Armseligkeit aufrufen zu Gott, ist es Anerkennung dessen, was wir sind, was er ist, ist es Anbetung seiner Herrlichkeit. Denn damit sagen wir der Sache nach: Sieh mich an, Gott, ich bin nichts, aber Du bist alles, ich bin voller Not, aber Du bist reich, alle Not der Welt zu heilen; ich bin sündig und böse, aber Du bist voll verschwenderischer Liebe. Du liebst nicht wie die Menschen, die nur lieben, wer ihnen sympathisch ist, Du liebst auch den Bettler in Lumpengewändern, den verlorenen Sohn. Du liebst nicht, weil *wir* gut sind, sondern weil *Du* gut bist . . .

Aus: Dogma und Verkündigung, S. 123 f.

Die leichte Last des Christseins

Wir starren auf die Mühsal des christlichen Alltags und vergessen darüber, daß der Glaube nicht nur eine Last ist, die uns drückt, sondern zugleich ein Licht, das uns Weisung gibt und Weg und Sinn. Wir sehen in der Kirche nur die äußere Ordnung, die unsere Freiheit begrenzt, und wir übersehen darüber, daß sie uns eine geistige Heimat ist, in der wir geborgen sind im Leben und im Sterben. Wir sehen nur unsere eigene Last und vergessen, daß es auch die Last der anderen gibt, selbst wenn wir sie nicht kennen. Und vor allem: Welch seltsame Haltung ist das eigentlich, daß wir den christlichen Dienst nicht mehr lohnend finden, wenn es auch ohne ihn den Denar des Heils zu erlangen gibt? Wir wollen anscheinend nicht nur mit unserem Heil, sondern vor allem mit dem Unheil der anderen belohnt sein — wie die Arbeiter der ersten Stunde. Das ist höchst menschlich, aber das Gleichnis des Herrn will uns mit Nachdruck bewußt machen, wie tief unchristlich es zugleich ist. Wer das Unheil der anderen gleichsam als Bedingung ansieht für seinen Dienst als Christ, der kann am Schluß nur murrend von dannen gehen, weil *diese* Art von Lohn der Güte Gottes widerstreitet.

Aus: Vom Sinn des Christseins, S. 40 f.

Mission der Verheißung wegen

Warum Mission trotz der Verheißung, die fortbesteht? Ich denke, wir müssen antworten: Mission gibt es nicht *trotz* der Verheißung, sondern *wegen* der Verheißung, als deren gewaltlosen Ausdruck. Von diesem Verheißungsmoment, das das Gebot nicht aufhebt, aber furchtlos macht, müßte sie sich tief durchdringen lassen. Wenn wir systematisch nach den Gründen für Mission fragen, müßte freilich vieles hinzugefügt werden. Etwa dies, daß sie für die Bewegung der Geschichte, um ihrer Vereinigung willen, vonnöten ist. Daß sie geschehen muß um der immerwährenden Selbstreinigung des Christlichen willen, die nur im Begegnen mit dem anderen sich vollziehen kann. Daß sie sein muß, weil die anderen ein Recht auf die Botschaft haben, die uns geworden ist, aus solchem Recht aber unsere Pflicht zum Zeugnis folgt, ohne daß wir damit das Heil der anderen vom Ergebnis unserer Bemühungen abhängig machen dürften, die dennoch unsere Pflicht bleiben. Zuletzt werden wir gestehen müssen, daß auch die christliche Mission im tiefsten nichts anderes wollen kann, als was Israels heiliger Auftrag war: im Zeugnis der Passion und im Dienst der Liebe Licht der Völker zu sein. Die Wallfahrt Gottes zu den Völkern, die sich in der Mission vollzieht, hebt nicht die Verheißung der Wallfahrt der Völker zum Heil Gottes auf, die das große Licht ist, das uns aus dem Alten Testament entgegenleuchtet; sie bestätigt sie nur. Denn das Heil der Welt steht in Gottes Hand, es kommt aus Verheißung, nicht aus Gesetz. Uns aber bleibt, uns in Demut in den Dienst der Verheißung zu stellen, ohne mehr sein zu wollen als unnütze Knechte, die nichts als ihre Schuldigkeit tun (Lk 17, 10).

Aus: Das neue Volk Gottes, S. 192

Der Dienst der Dienenden

Wort Gottes geschieht nicht nur in der Predigt, es geschieht in der Unterweisung in der Schule. Es geschieht im Gespräch mit den Alten, mit den Verlassenen, mit den Kranken, mit den Menschen, für die sonst niemand Zeit hat, für die das Leben dunkel und schwer geworden ist. Wie notwendig brauchen wir heute Menschen, die zuhören können. Die für einen Zweifelnden und Ringenden da sind. Die mit einem Kranken am Abend des Lebens zu sprechen und ihm Hoffnung und Sinn zu geben vermögen, wenn die Lichter dieser

Welt erlöschen. Wort Gottes — wir brauchen es wirklich wie das tägliche Brot. Und wir brauchen Menschen, die für dieses Wort da sind, gerade weil es uns so fremd geworden ist. Das alles sollten wir bedenken, wenn wir über die Predigt schimpfen, wenn sie uns zu langweilig oder zu unbedeutend ist. Es ist schwer, heute das Wort Gottes zu verkünden in einer Welt, die übersättigt ist von jeder Art Sensation. Es ist schwer, das Wort Gottes heute zu verkünden in einer Welt, in der auch der Priester sich mühsam im Dunkel dazu durchtasten muß und vor der Wahl steht, entweder zu sagen, was niemand begreift oder sehr zögernd und ungenügend in unsere Welt hinein zu übersetzen, was so weit von unserem Alltag entfernt ist. Der Dienst des Wortes ist schwer geworden. Manchmal mag es dem Priester von heute ergehen wie dem Propheten Jeremias, der nur Ärger bekam mit seiner prophetischen Verkündigung und oft leidenschaftlich gegen seine Aufgabe als Prophet aufbegehrte: Du hast mich getäuscht, Gott, ruft er in seiner Verzweiflung aus; laß mich in Ruhe. Er möchte am liebsten das Wort abschütteln, das ihn zum Einsamen, zum Narren gemacht hat, zu einem Gezeichneten, mit dem niemand zu tun haben will. Aber er muß die Last des Wortes tragen. Und gerade so dient er den Menschen, die ihn nicht verstehen wollen. Das alles sollten wir bedenken, wenn wir unter der Unzulänglichkeit der Verkündigung stöhnen. Statt zu schimpfen, sollten wir lieber füreinander beten: daß Gott den Zuhörern die Gabe des rechten Zuhörens, den Redenden die Gnade des Redens und uns allen viel Geduld miteinander gebe; daß er in alledem sein Wort uns erhalte, das Brot der Wahrheit, nach dem auch unsere Seele hungert, selbst wenn wir es nicht verstehen.

Aus: Dogma und Verkündigung, S. 434

Im Glauben endet der Egoismus

Denn er (der Glaube) bedeutet im Grunde gar nichts anderes, als daß dieses Defizit unserer Liebe, das wir alle haben, aufgefüllt worden ist durch den stellvertretenden Überfluß der Liebe Jesu Christi. Er sagt uns einfach, daß Gott selber seine Liebe im Überfluß ausgegossen hat unter uns und dadurch unser aller Defizit im voraus gedeckt hat. Glauben heißt letztlich gar nichts anderes als zugeben, daß wir ein solches Defizit haben; es heißt, die Hand aufmachen und sich beschenken lassen. In seiner einfachsten und innersten Form ist der Glaube nichts anderes als jener Punkt in der Liebe, an dem wir erkennen, daß wir auch selbst nötig haben, beschenkt zu werden. Glaube ist so jener Punkt in der Liebe, der sie erst als Liebe wirklich ausweist; er besteht darin, daß wir die Selbstgefälligkeit und Selbstzufriedenheit dessen überwinden, der sich genug ist und sagt: Ich habe alles getan, ich brauche keine Hilfe mehr. Erst in solchem „Glauben" endet der Egoismus, der eigentliche Gegenpol der Liebe. Insofern ist Glaube in der wahren Liebe mit anwesend; er ist einfach jenes Moment an der Liebe, das sie wahrhaft zu sich selber führt: die Offenheit dessen, der nicht auf seinem eigenen Können besteht, sondern sich als Beschenkten und als Bedürftigen weiß.

Aus: Vom Sinn des Christseins, S. 61 f.

Heilige, die Zukunft der Kirche

Die Zukunft der Kirche kann und wird auch heute nur aus der Kraft derer kommen, die tiefe Wurzeln haben und aus der reinen Fülle ihres Glaubens leben. Sie wird nicht von denen kommen, die nur Rezepte machen. Sie wird nicht von denen kommen, die nur dem jeweiligen Augenblick sich anpassen. Sie wird nicht von denen kommen, die nur andere kritisieren, aber sich selbst als unfehlbaren Maßstab annehmen. Sie wird also auch nicht von denen kommen, die nur den bequemeren Weg wählen. Die der Passion des Glaubens ausweichen und alles das für falsch und überholt, für Tyrannis und Gesetzlichkeit erklären, was den Menschen fordert, ihm wehe tut, ihn nötigt, sich selbst preiszugeben. Sagen wir es positiv: Die Zukunft der Kirche wird auch dieses Mal, wie immer, von den Heiligen neu geprägt werden. Von Menschen also, die mehr wahrnehmen als die Phrasen, die gerade modern sind. Von Menschen, die deshalb mehr sehen können als andere, weil ihr Leben weitere Räume umfaßt.

Aus: Glaube und Zukunft, S. 120 f.

Advent ist kein Spiel

Wir werden, wenn wir ehrlich sind, eine Schwarzweißmalerei nicht mehr fertigbringen, welche die Geschichte und die Landkarte in Unheils- und Heilszonen zerschneiden will. Eher wird uns die ganze Geschichte und die ganze Menschheit wie eine graue Masse erscheinen, in der es immer wieder die Lichtblitze des nie gänzlich zu ertötenden Guten gibt, in der immer wieder die Aufbrüche der Menschen zum Besseren hin stattfinden, in der aber auch immer wieder die Zusammenbrüche in alle Furchtbarkeiten des Bösen hinein erfolgen.

So wird aber in solchem Nachdenken sichtbar, daß Advent nicht (wie vielleicht in früheren Zeiten gesagt werden konnte) ein heiliges Spiel der Liturgie ist, in dem sie sozusagen noch einmal uns die Wege der Vergangenheit zurückführt, uns noch einmal anschaulich zeigt, wie es einst gewesen ist, damit wir jetzt das Heil von heute um so freudiger und beglückter genießen können. Wir werden vielmehr zugeben müssen, daß Advent nicht bloß Erinnerung und Spiel über Vergangenes ist, sondern daß Advent unsere Gegenwart, unsere Wirklichkeit ist: Die Kirche spielt hier nicht, sondern verweist uns auf das, was die Wahrheit *auch* unserer christlichen Existenz darstellt. Es ist mit der Sinn der Adventszeit im Kirchenjahr, daß sie uns dieses Bewußtsein wieder lebendig macht. Sie soll uns dazu nötigen, daß wir uns diesen Tatsachen stellen, daß wir zugeben das Ausmaß von Unerlöstheit, das nicht nur irgendwann über der Welt lag und irgendwo vielleicht noch liegt, sondern bei uns selbst und inmitten der Kirche Tatsache ist.

Mir scheint, daß wir hier nicht selten einer gewissen Gefahr erliegen: Wir wollen derlei nicht sehen; wir leben sozusagen mit abgeblendeten Lichtern, weil wir fürchten, daß unser Glaube das volle, grelle Licht der Tatsachen nicht vertragen könnte.

Aus: Vom Sinn des Christseins, S. 15 ff.

Wir leben alle noch vor Kopernikus

Er liebt uns nicht deswegen, weil wir besonders gut, besonders tugendhaft, besonders verdienstvoll sind, weil wir ihm etwa nützlich oder gar nötig wären — er liebt uns, nicht weil *wir* gut sind, sondern weil *er* gut ist. Er liebt uns, obwohl wir ihm nichts zu bieten haben; er liebt uns selbst noch in den Lumpengewändern des verlorenen Sohnes, der nichts Liebenswertes mehr an sich trägt. Auf christliche Weise lieben, heißt diesen Weg nachzugehen versuchen: Daß wir nicht nur den lieben, der uns sympathisch ist, der uns gefällt, der zu uns paßt, und erst recht nicht bloß den, der uns etwas zu bieten hat oder von dem wir Vorteile zu erhoffen haben. Christlich, das heißt im Sinne Christi lieben, bedeutet, daß wir gut sind zu dem, der unsere Güte braucht, auch wenn er

uns nicht sympathisch ist. Es heißt, sich auf den Weg Jesu Christi einlassen und damit so etwas wie eine kopernikanische Wende des eigenen Lebens vollziehen. Denn in einem gewissen Sinne leben wir sozusagen alle noch vor Kopernikus.

Aus: Vom Sinn des Christseins, S. 57 f.

Bereits in den ersten Monaten seines bischöflichen Wirkens konnte Kardinal Ratzinger im Münchner Raum eine Reihe von Pfarrkirchen konsekrieren, so Ende Oktober 1977 St. Stephan in München-Sendling. Nach der Besprengung der Außenwände zeichnet der Bischof mit seinem Stab ein Kreuz auf die Schwelle, um dann an das Portal zu klopfen und für Christus Einlaß zu begehren (Abbildung oben links).

Nach dem Einzug in die Kirche und der Besprengung ihrer Wände und des Altares schreibt der Bischof in ein Aschenkreuz das griechische und lateinische Alphabet (Abbildung S. 79 rechts).

S. 78 r.: Der christliche Opfergedanke kommt mit alttestamentlicher Symbolik bei der Altarweihe zum Ausdruck. Der Bischof formt aus Weihrauchkörnern fünf Kreuze auf dem Altar und entzündet das Rauchopfer.
Der steinerne Altar versinnbildet Christus als den Felsen, Eckstein und Altar der Kirche. Die Einsetzung der Märtyrerreliquien gehört zu den feierlichsten Riten einer Kirchweihe, die in der Feier der ersten Eucharistie ihren eigentlichen Höhepunkt findet (Abb. links).

Der Geist baut die Steine

Der Geist baut die Steine, nicht umgekehrt. Der Geist ist nicht durch Geld und nicht durch Geschichte zu ersetzen. Wo der Geist nicht baut, werden die Steine stumm. Wo der Geist nicht lebendig ist, nicht wirkt und waltet, werden Dome zu Museen, zu Gedenkstätten der Vergangenheit, deren Schönheit traurig macht, weil sie tot ist.
Die Größe unserer Geschichte und unsere finanzielle Potenz retten uns nicht; beides kann zum Schutt werden, in dem wir ersticken. Wenn der Geist nicht baut, baut das Geld vergebens.
Der Geist baut Steine, nicht umgekehrt — das bedeutet aber auch, ob es uns lieb ist oder nicht, die grundsätzliche Ersetzbarkeit und die grundsätzliche

Gleichwertigkeit aller Kirchbauten. Wo Menschen sich durch den Herrn versammeln lassen, wo er ihnen in Wort und Sakrament seine Gegenwart gewährt, da ist das Wort vom Bethaus für alle Völker und da ist die Verheißung des „Obergemachs" des Abendmahlsaales erfüllt.

Es hat mich in der Ludgeri-Kirche in Münster immer tief bewegt zu wissen, daß dies der Raum war, in dem Edith Stein um ihre Berufung gerungen hat. Dabei ist dies ja nur ein winziger Ausschnitt aus der Geschichte des Glaubens und Betens, aus der Geschichte von Sündern und Heiligen, die unsere großen alten Kirchen verwahren.

Das andere, was einen Kirchenbau auszeichnen kann, ist seine Stellung in der Ordnung der lebendigen Versammlung, welche die Kirche ist. Von da kommt der besondere Rang der Bischofskirche, die auf den Bischof als Sammelpunkt der kirchlichen Gemeinschaft verweist. Der Dom ist der steinerne Ausdruck dafür, daß Kirche nicht eine amorphe Masse von Gemeinden ist, sondern in einer Verflochtenheit lebt, die jede einzelne Gemeinde durch den Zusammenhalt der bischöflichen Ordnung über sich hinaus bindet an das Ganze.

Aus demselben Grund ist uns auch die Bischofskirche des gemeinsamen Bischofs der ganzen Christenheit, die Laterankirche und die Peterskirche in Rom, besonders wert: Nicht als ob Gott dort gegenwärtiger wäre als in irgendeiner Dorfkirche, sondern weil sie Ausdruck der Versammlung, der Einzigkeit von Gottes Haus in den vielen Gotteshäusern der Erde ist. Wo dieser Zusammenhang abgelehnt, diese sichtbare Zuordnung der Kirchen zueinander verneint würde, da würde nun doch gerade die Verheißung vom Bethaus für *alle* Völker verneint. Sie verwirklicht sich gerade darin, daß die apostolische Ordnung der Versammlung sich in der Zuordnung der Stätten der Versammlung spiegelt, die auf solche Weise ein einziges Haus werden.

Das bedeutet die grundsätzliche Offenheit aller Gotteshäuser, die entweder der ganzen Kirche gehören oder gar nicht wirklich Kirche sind.

Aus: Walter Seidel (Hrsg.), Kirche aus lebendigen Steinen, S. 43 ff.

Was uns Weihnachten sagt

Weihnachten besagt in alle unsere Zweifel und Verstörtheiten hinein: Gott ist. Nicht als irgendeine unendlich ferne Macht, die uns höchstens erschrecken kann; nicht als der tiefe Grund des Seins, der nicht um sich selber weiß. Er ist so, daß er sich um uns zu kümmern vermag und daß alles, was wir sind und tun, unter seinen Augen steht. Unter Augen, die Augen der Liebe sind. Wer dies im Glauben annimmt und im Glauben weiß, für den gibt es keine letzte Einsamkeit mehr. *Er* ist da. Das Licht, das ein Mensch in der Geschichte und für die Geschichte geworden ist, ist kein ohnmächtiger Zufall, sondern Licht vom Licht. Die Hoffnung und die Ermutigung, die von diesem Licht ausgehen, erhalten dadurch eine ganz andere Tiefe. Aber eben weil es eine ganz göttliche Hoffnung ist, dürfen und sollen wir sie auch als eine ganz menschliche Hoffnung annehmen und weitertragen.

Weihnachten feiern heißt von hier aus: ein Fest annehmen, das wir nicht selbst gemacht haben, sondern das uns von Gott geschenkt ist. Das unterscheidet die kirchlichen Feste grundlegend von bloßer Freizeit, von aller selbstgemachten Unterhaltung. Die Wirklichkeit von Weihnachten ist da, auch wenn wir sie selbst nicht wahrnehmen, auch wenn wir sie selbst nicht suchen. Sie ist uns ein für allemal geschenkt in der Geburt des Kindes, in dem Gott zu einem der Unsrigen werden wollte. An Weihnachten sind wir vor allen Gaben, die wir selber geben, immer schon vorweg die Beschenkten. Darin mit gründet das Erlösende eines solchen Tages, wenn er recht verstanden wird: daß uns gegeben wird, was keiner von uns selbst gemacht und ersonnen hat. Daß wir wissen, daß unser schon im voraus gedacht ist und wir nur hineinzugehen brauchen in das offene Licht eines Festes, das uns erwartet und uns gewiß macht, daß der Kreis unserer Taten nicht die einzige Wirklichkeit ist, die es gibt. Scheuen wir uns doch nicht, uns das gefallen zu lassen. Darin unverkrampft froh zu werden und so weitergeben zu können, was die Menschheit vorab und mehr als alles andere braucht: das Frohsein von innen her, das löst und erlöst und allen anderen Gaben erst ihren Sinn, ihren rechten Zusammenhang gewährt.

Aus: Dogma und Verkündigung, S. 391 f.

Ostern, Feier unserer Freude

Der Glaube an die Auferstehung Jesu besagt, daß es Zukunft für einen jeden Menschen gibt. Daß der Ruf nach Unendlichkeit, der in ihm wohnt, beantwortet ist. Durch Jesus kennen wir „den Raum, wo die ausgewanderte Liebe ihren Sieg niederlegt . . .". Er selbst ist dieser Raum. Und er ruft uns, mit ihm und von ihm her dieser Raum zu sein. Diesen Raum offenzuhalten in der Welt, damit er, die ausgewanderte Liebe, immerfort einwandern kann in die

Welt. Es gibt den Raum der ausgewanderten Liebe, weil Gott durch die Todeswunde Jesu Christi eingewandert ist in die Welt. Oder sagen wir es mehr von Teilhard de Chardin und vom Weltbild der Evolution her: Der Punkt Omega ist deswegen für uns eine Hoffnung, weil wir erwarten dürfen, in ihm aufgehoben zu sein. Weil der Geist, die Liebe stärker ist als der Tod. Die Auferstehung Jesu gibt uns die Gewißheit, daß Gott ist und daß er als Vater Jesu Christi ein Gott der Menschen ist. Die Auferstehung Jesu ist die endgültige Theophanie, die triumphale Antwort auf die Frage, wer nun eigentlich herrscht, der Tod oder das Leben. Gott ist — das ist die eigentliche Botschaft von Ostern. Und wer auch nur anfängt zu begreifen, was das heißt, der weiß, was Erlöstsein bedeutet. Der weiß, warum die Kirche an diesem Tag in ihren Gebeten schier endlos Alleluja singt — den wortlosen Jubel, der zu groß ist, um in Worten der Alltagssprache artikuliert zu werden, weil er unser ganzes Leben umfaßt, das Sagbare und das Unsagbare zumal. Etwas von dieser Freude zu erfassen, das heißt Ostern feiern.

Aus: Dogma und Verkündigung, S. 358 f.

Das Wort ist teuer

Wie es im wirtschaftlichen Bereich eine schleichende Entwertung der Währung gibt, wenn hinter der im Umlauf befindlichen Münze nicht mehr ein entsprechendes Gewicht sachlicher Werte und Leistungen steht, so ist auch die Währung des Geistes — das Wort — von einer Inflation, von innerer Entleerung bedroht, wenn die Kraft der Gesinnungen und Haltungen dem Überhang an leichtfertig ausgegebener Wortmünze nicht mehr die Waage zu halten vermag. Viele der größten Worte des menschlichen Geistes — Herz, Liebe, Glück z. B. — sind auf diese Weise der Abwertung verfallen; das tiefe christliche Wort von der „Brüderlichkeit“ scheint heute schon beinah von einem ähnlichen Schicksal bedroht. Wir sagten vorhin, das Wort sei die Währung des Geistes, weil nämlich in ihm sich der Geist des einen dem andern gewährt; wem um des Geistes selber willen das Wort teuer ist, der wird in der Inflationsgefahr, die am Worte zehrt, ein doppeltes tun: Er wird mit der großen Münze des Geistes sparsam umgehen, sie nicht in den Mund nehmen, wo sie zur Bedeutungslosigkeit verurteilt ist; er wird zum anderen versuchen, jene Gesinnungen zu stärken, die den Worten Leben und Kraft verleihen.

Aus: Dogma und Verkündigung, S. 235

Erzbischof Ratzinger mit den Weihbischöfen Ernst Tewes und Franz Schwarzenböck beim Gedenkgottesdienst für seinen Vorgänger Kardinal Döpfner am 23. Juli 1977 im Münchner Liebfrauendom.

Ich gestehe es: Für mich hat gerade die unheilige Heiligkeit der Kirche etwas unendlich Tröstendes an sich. Denn müßte man nicht verzagen vor einer Heiligkeit, die makellos wäre und die nur richtend und verbrennend auf uns wirken könnte? Und wer dürfte von sich behaupten, daß er nicht nötig hätte, von den anderen ertragen, ja getragen zu werden? Wie aber kann jemand, der vom Ertragenwerden seitens der anderen lebt, selbst das Ertragen aufkündigen? Ist es nicht die einzige Gegengabe, die er anbieten kann; der einzige Trost, der ihm bleibt, daß er erträgt, so wie auch er ertragen wird? Die Heiligkeit in der Kirche fängt mit dem Ertragen an und führt zum Tragen hin; wo es aber das Ertragen nicht mehr gibt, hört auch das Tragen auf, und die haltlos gewordene Existenz kann nur ins Leere absinken. Man mag ruhig sagen, in solchen Worten drücke sich eine schwächliche Existenz aus — zum Christsein gehört es, die Unmöglichkeit der Autarkie und die Schwachheit des Eigenen anzunehmen. Im Grunde ist immer ein versteckter Stolz wirksam, wo die Kritik an der Kirche jene gallige Bitterkeit annimmt, die heute schon anfängt, zum Jargon zu werden. Leider gesellt sich nur allzuoft eine spirituelle Leere dazu, in der das Eigentliche der Kirche überhaupt nicht mehr gesehen wird, in der sie nur noch wie ein politisches Zweckgebilde betrachtet wird, dessen Organisation man als kläglich oder als brutal empfindet, als ob das Eigentliche der Kirche nicht jenseits der Organisation läge, im Trost des Wortes und der Sakramente, den sie gewährt in guten und in bösen Tagen. Die wirklich Glaubenden messen dem Kampf um die Reorganisation kirchlicher Formen kein allzu großes Gewicht bei. Sie leben von dem, was die Kirche immer ist. Und wenn man wissen will, was Kirche eigentlich sei, muß man zu ihnen gehen. Denn die Kirche ist am meisten nicht dort, wo organisiert, reformiert, regiert wird, sondern in denen, die einfach glauben und in ihr das Geschenk des Glaubens empfangen, das ihnen zum Leben wird. Nur wer erfahren hat, wie über den Wechsel ihrer Diener und ihrer Formen hinweg Kirche die Menschen aufrichtet, ihnen Heimat und Hoffnung gibt, eine Heimat, die Hoffnung ist: Weg zum ewigen Leben — nur wer dies erfahren hat, weiß, was Kirche ist, damals und heute.

Das will nicht sagen, daß man immer alles beim alten lassen und es so ertragen muß, wie es nun einmal ist. Das Ertragen kann auch ein höchst aktiver Vorgang sein, ein Ringen darum, daß die Kirche immer mehr selbst die tragende und ertragende werde. Die Kirche lebt ja nicht anders als in uns, sie lebt vom Kampf der Unheiligen um die Heiligkeit, so wie freilich dieser Kampf von der

Gabe Gottes lebt, ohne die er nicht sein könnte. Aber fruchtbar, aufbauend wird solches Ringen nur, wenn es vom Geist des Ertragens beseelt ist, von der wirklichen Liebe.

Aus: Einführung in das Christentum, S. 285 f.

Firmung durch Kardinal Joseph Ratzinger in der Kuratie St. Rita in München. Durch die Bischofsweihe ist dem Inhaber des bischöflichen Amtes die Fülle des Weihesakramentes und die Gabe des Geistes übermittelt. Deshalb ist auch der Bischof der erstberufene Spender der Firmung, durch die die Gläubigen nach den Worten des 2. Vatikanischen Konzils „vollkommener der Kirche verbunden und mit einer besonderen Kraft des Heiligen Geistes ausgestattet" werden.

Die Krise der Kirche

Aus der Krise von heute wird auch dieses Mal eine Kirche morgen hervorgehen, die viel verloren hat. Sie wird klein werden, weithin ganz von vorne anfangen müssen. Sie wird viele der Bauten nicht mehr füllen können, die in der Hochkonjunktur geschaffen wurden. Sie wird mit der Zahl der Anhänger viele ihrer Privilegien in der Gesellschaft verlieren. Sie wird sich sehr viel stärker gegenüber bisher als Freiwilligkeitsgemeinschaft darstellen, die nur durch Entscheidung zugänglich wird. Sie wird als kleine Gemeinschaft sehr viel stärker die Initiative ihrer einzelnen Glieder beanspruchen. Sie wird auch gewiß neue Formen des Amtes kennen und bewährte Christen, die im Beruf stehen, zu Priestern weihen: In vielen kleineren Gemeinden bzw. in zusammengehörigen sozialen Gruppen wird die normale Seelsorge auf diese Weise erfüllt werden. Daneben wird der hauptamtliche Priester wie bisher unentbehrlich sein. Aber bei allen diesen Veränderungen, die man vermuten kann, wird die Kirche ihr Wesentliches von neuem und mit aller Entschiedenheit in dem finden, was immer ihre Mitte war: Im Glauben an den dreieinigen Gott, an Jesus Christus, den menschgewordenen Sohn Gottes, an den Beistand des Geistes, der bis zum Ende reicht. Sie wird in Glaube und Gebet wieder ihre eigentliche Mitte erkennen und die Sakramente wieder als Gottesdienst, nicht als Problem liturgischer Gestaltung, erfahren.

Ein „Autogramm vom Kardinal" wollten sich die Firmlinge aus St. Rita und der Nachbarpfarrei St. Klara natürlich nicht entgehen lassen.

Es wird eine verinnerlichte Kirche sein, die nicht auf ihr politisches Mandat pocht und mit der Linken so wenig flirtet wie mit der Rechten. Sie wird es mühsam haben. Denn der Vorgang der Kristallisation und der Klärung wird ihr auch manche gute Kräfte kosten. Er wird sie arm machen, zu einer Kirche der Kleinen sie werden lassen. Der Vorgang wird um so schwerer sein, als sektiererische Engstirnigkeit genauso wird abgeschieden werden müssen wie großsprecherische Eigenwilligkeit.

Aus: Glaube und Zukunft, S. 122 ff.

Christlicher Kult und Bruderliebe

Das Wesen des christlichen Kultes besteht demnach nicht in der Hingabe von Dingen, auch nicht in irgendeiner Zerstörung, wie man seit dem 16. Jahrhundert immer wieder in den Meßopfertheorien lesen kann — auf diese Weise müsse die Oberherrschaft Gottes über alles anerkannt werden, sagte man dort. Alle diese Denkbemühungen sind durch das Christusgeschehen und seine biblische Auslegung einfach überholt. Der christliche Kult besteht in der Schlechthinnigkeit der Liebe, wie sie nur der eine zu schenken vermochte, in dem Gottes eigene Liebe menschliche Liebe geworden war; und er besteht in der neuen Form von Stellvertretung, die in dieser Liebe eingeschlossen ist: darin, daß er für uns stand und wir uns von ihm nehmen lassen. So bedeutet er, daß wir unsere eigenen Rechtfertigungsversuche beiseite tun, die im Grunde nur Ausreden sind und uns gegeneinander stellen . . . Er verlangt, daß wir statt des zerstörerischen Gegeneinander der Selbstrechtfertigung das Geschenk der für uns einstehenden Liebe Jesu Christi annehmen, uns darin vereinigen lassen und so mit ihm und in ihm Anbetende werden. Von hier aus dürfte es möglich sein, in gedrängter Kürze auf einige Fragen zu antworten, die sich noch stellen.

Im Blick auf die Liebesbotschaft des Neuen Testaments drängt heute immer mehr eine Tendenz nach vorn, die christlichen Kult vollständig in Bruderliebe, in „Mitmenschlichkeit“ auflösen und keine direkte Gottesliebe oder Gottesverehrung mehr zulassen will: Nur noch die Horizontale wird anerkannt, die Vertikale der unmittelbaren Beziehung zu Gott verneint. Vom Gesagten aus ist wohl unschwer einzusehen, warum diese auf den ersten Blick so sympathisch scheinende Konzeption mit der Sache des Christentums auch die der wahren Menschlichkeit verfehlt. Die sich selbst genügen wollende Bruderliebe würde gerade so zum äußersten Egoismus der Selbstbehauptung werden. Sie verweigert ihre letzte Offenheit, Gelassenheit und Selbstlosigkeit, wenn sie nicht auch noch die Erlösungsbedürftigkeit dieser Liebe durch den annimmt, der allein wirklich genügend liebte. Und sie tut bei allem Wohlwollen letztlich dem anderen und sich selber unrecht, weil der Mensch sich nicht im Zueinander der Mitmenschlichkeit allein vollendet, sondern erst im Miteinander jener zwecklosen Liebe, die Gott selbst verherrlicht. Die Zwecklosigkeit der einfachen Anbetung ist die höchste Möglichkeit des Menschseins und erst seine wahre und endgültige Befreiung.

Aus: Einführung in das Christentum, S. 236 f.

Glaube ist keine Ware

Die wahre Reform ist jene, die sich um das verdeckte wahrhaft Christliche müht, sich von ihm fordern und formen läßt; die falsche Reform ist jene, die hinter dem Menschen herläuft, anstatt ihn zu führen, und damit das Christentum in einen schlecht gehenden Krämerladen umwandelt, der um Kundschaft schreit. Damit soll nichts gesagt sein gegen das, was man heute „nachgehende Seelsorge" nennt; im Gegenteil, mit Christus, der uns Menschen aus der Ewigkeit Gottes heraus bis in die Verlassenheit der Hölle nachgegangen ist, wird die Kirche den Menschen nachgehen und sie suchen müssen, wo immer sie sind. Es ist nur etwas gesagt gegen die Behandlung des Glaubens als Ware, die man nach dem Geschmack der Menschen umwandelt, anstatt den Geschmack der Menschen durch den Glauben auf das wahrhaft Menschliche hinzuführen, das die Alten *sapientia* nannten, „Geschmack" für das Göttliche, ohne den aller menschliche Geschmack zur öden Geschmacklosigkeit wird.

Aus: Das neue Volk Gottes, S. 95 f.

Kein Grund zum Rühmen

Es scheint mir wichtig, das, was uns auf dem Konzil freudig und dankbar gemacht hat, nun auch in seiner Zweigesichtigkeit zu erkennen und so den Auftrag zu verstehen, den es enthält. Und es scheint mir wichtig, den gefährlichen neuen Triumphalismus zu erkennen, zu dem oft gerade die Gegner des alten tendieren. Solange die Kirche auf Erden pilgert, hat sie keinen Grund, sich ihres eigenen Werkes zu rühmen. Solches Rühmen könnte gefährlicher werden als Pfauenwedel und Tiara, die uns ohnedies mehr zum Lächeln als zum Stolz

Hl. Blut in München-Bogenhausen war von 1951 bis 1952 erste und einzige Seelsorgsstelle von Kardinal Ratzinger. Aber auch in den Jahren seiner theologischen Lehrtätigkeit blieb er Hl. Blut verbunden. Ende Oktober 1977 kam er nach Hl. Blut, um jungen Christen aus seiner »ersten« Pfarrei die Firmung zu spenden.

veranlassen. So ist das Konzil kein Verdienst der Kirche, auf das sie nun pochen und das sie anderen als Ruhmestitel entgegenhalten könnte, sondern ein Anruf des Herrn, ihm nachzugehen, gemäß dem schönen Wort des heiligen Paulus: „Nicht als hätte ich es schon erlangt oder ich wäre schon am Ziel; aber ich jage ihm nach, um es zu ergreifen, da ja auch ich ergriffen wurde von Christus Jesus. Brüder, noch kann ich nicht damit rechnen, daß ich es schon ergriffen hätte; aber eines tue ich: Ich vergesse, was hinter mir liegt, und strecke mich aus nach dem, was vor mir liegt" (Phil 3, 12 f.). Solange die Welt Welt ist, ist die Kirche auf Pilgerschaft, dem Herrn entgegen. Das Konzil ist nicht eine Herberge, in der man sich gütlich tun und des Weges vergessen könnte, es ist ein neuer Aufbruch, vorwärts: dem Herrn entgegen.

Aus: Das neue Volk Gottes, S. 150 f.

Glaube findet das Du

Der christliche Glaube ist mehr als Option für einen geistigen Grund der Welt, seine zentrale Formel lautet nicht: „Ich glaube etwas", sondern „Ich glaube an Dich". Er ist Begegnung mit dem Menschen Jesus und erfährt in solchem Begegnen den Sinn der Welt als Person. In Jesu Leben aus dem Vater, in der Unmittelbarkeit und Dichte seines betenden, ja, sehenden Umgangs mit ihm ist er der Zeuge Gottes, durch den hindurch der Unberührbare berührbar, der Ferne nahe geworden ist. Und mehr: Er ist nicht bloß der Zeuge, dem wir glauben, was er geschaut hat in einer Existenz, die wahrhaft die Wende vollzogen hat von der falschen Bescheidung aufs Vordergründige in die Tiefe der ganzen Wahrheit hinein; nein, er ist die Anwesenheit des Ewigen selbst in dieser Welt. In seinem Leben, in der Vorbehaltlosigkeit seines Seins für die Menschen, ist der Sinn der Welt Gegenwart, er gewährt sich uns als Liebe, die auch mich liebt und mit solch unfaßlichem Geschenk einer von keiner Vergänglichkeit, keiner egoistischen Trübung bedrohten Liebe das Leben lebenswert macht. Der Sinn der Welt ist das Du, freilich nur jenes, das nicht selbst offene Frage, sondern der keines anderen Grundes bedürfende Grund des Ganzen ist.
So ist der Glaube das Finden eines Du, das mich trägt und in aller Unerfülltheit und letzten Unerfüllbarkeit menschlichen Begegnens die Verheißung unzerstörbarer Liebe schenkt, die Ewigkeit nicht nur begehrt, sondern gewährt. Christlicher Glaube lebt davon, daß es nicht bloß objektiven Sinn gibt, sondern daß dieser Sinn mich kennt und liebt, daß ich ihm mich anvertrauen kann mit

der Gebärde des Kindes, das im Du der Mutter all sein Fragen geborgen weiß. So ist Glaube, Vertrauen und Lieben letztlich eins, und alle Inhalte, um die der Glaube kreist, sind nur Konkretisierungen der alles tragenden Wende, des „Ich glaube an Dich" — der Entdeckung Gottes im Antlitz des Menschen Jesus von Nazareth.

Aus: Einführung in das Christentum, S. 52 f.

Maria, das Bild des Gläubigen

Als die wahre „Tochter Sion" ist Maria Bild der Kirche, Bild des gläubigen Menschen, der nicht anders als durch das Geschenk der Liebe — durch Gnade — ins Heil und zu sich selbst kommen kann. Jenes Wort, mit dem Bernanos das Tagebuch eines Landpfarrers schließen läßt — „Alles ist Gnade" —, jenes Wort, in dem dort ein Leben, das nur Schwachheit und Vergeblichkeit zu sein schien, sich als voller Reichtum und Erfüllung erkennen darf: dieses Wort ist in Maria, der „Gnadenvollen" (Lk 1, 28), wahrhaft Ereignis geworden. Sie ist nicht die Bestreitung oder Gefährdung der Ausschließlichkeit des Christusheils, sondern der Verweis darauf. Darstellung der Menschheit, die als ganze Erwartung ist und die dieses Bild um so nötiger braucht, je mehr sie in Gefahr ist, das Warten abzulegen und sich dem Machen anzuvertrauen, das — so unerläßlich es ist — die Leere niemals ausfüllen kann, die den Menschen bedroht, wenn er jene absolute Liebe nicht findet, die ihm Sinn, Heil, das wahrhaft Lebensnotwendige gibt.

Aus: Einführung in das Christentum, S. 230

Kirche für die Welt sein

Um die Rettung aller sein zu können, muß sich die Kirche nicht auch äußerlich mit allen decken. Ihr Wesen ist es vielmehr, in der Nachfolge des einen, der die ganze Menschheit auf die Schultern genommen hat, die Schar der wenigen darzustellen, durch die Gott die vielen retten will. Kirche ist nicht alles, aber sie steht für alle. Sie ist Ausdruck dafür, daß Gott die Geschichte im Füreinander der Menschen von Christus her auferbaut.

Als Zeichen der göttlichen Liebe, jenes Füreinander, durch welches die Geschichte gerettet und zu Gott heimgeführt wird, darf die Kirche kein esoterischer Zirkel sein, sondern ist selbst wesentlich ein *offener Raum.* Auch die Kirche kann sich nur im „diffundere“, im Mitteilen, in der missionarischen Selbstüberschreitung erfüllen. Kirche ist eine dynamische Größe, sie bleibt ihrem Sinn nur treu, sie erfüllt ihre Aufgabe nur, indem sie die ihr geschenkte Botschaft nicht für sich behält, sondern sie weiterträgt in die Menschheit hinein. Von der synoptischen Bildsprache her könnte man das gleiche auf die Formel bringen: Die Mission ist Ausdruck der göttlichen Gastfreundschaft; sie ist das Ausziehen der Boten, die in die Welt hinein die Einladung zum göttlichen Hochzeitsmahl tragen. Diese Einladung ständig weiterzugeben, gehört unerläßlich zum Heilsdienst der Kirche; auch wenn sie weiß, daß Gottes Erbarmen ohne Grenzen ist, gilt für sie das Wort: „Weh mir, wenn ich das Evangelium nicht verkünden würde“ (1 Kor 9, 16). Der Dienst am Evangelium ist für sie eine Notwendigkeit jener Liebe (2 Kor 5, 14), aus der sie kommt und der zu dienen ihre einzige Rechtfertigung ist.

Aus: Das neue Volk Gottes, S. 175 f.

Nach der Firmung in Hl. Blut: Kardinal Ratzinger mit Pfarrer Johannes Oberbauer, dem der Professor Joseph Ratzinger zwei Jahre zuvor die Festpredigt zum 40jährigen Priesterjubiläum gehalten hatte.

Verzeichnis der Bücher von Joseph Ratzinger

Volk und Haus Gottes in Augustins Lehre von der Kirche, Zink-Verlag München 1954

Die Geschichtstheologie des heiligen Bonaventura, Schnell & Steiner Zürich/München 1959

Der Gott des Glaubens und der Gott der Philosophen, Schnell & Steiner Zürich/München 1960

Die christliche Brüderlichkeit, Kösel-Verlag München 1960

Episkopat und Primat (gemeinsam mit Karl Rahner), Herder-Verlag Freiburg 1961

Die erste Sitzungsperiode des 2. Vatikanischen Konzils, J. P. Bachem Köln 1963

Das Konzil auf dem Weg. Rückblick auf die zweite Sitzungsperiode, J. P. Bachem Köln 1964

Ergebnisse und Probleme der dritten Konzilsperiode, J. P. Bachem Köln 1965

Die letzte Sitzungsperiode des Konzils, J. P. Bachem Köln 1966

Offenbarung und Überlieferung (gemeinsam mit Karl Rahner), Herder-Verlag Freiburg 1965

Vom Sinn des Christseins. Drei Predigten, Kösel-Verlag München 1971[3]

Die sakramentale Begründung christlicher Existenz, Kyrios-Verlag Meitingen/Freising 1966

Das Problem der Dogmengeschichte in der Sicht der katholischen Theologie, Westdeutscher Verlag VVA Köln/Opladen 1966

Einführung in das Christentum. Vorlesungen über das Apostolische Glaubensbekenntnis, Kösel-Verlag 1977[12]

Meditationen zur Karwoche, Kyrios-Verlag Meitingen/Freising 1975[5]

Das neue Volk Gottes. Entwürfe zur Ekklesiologie, Patmos Verlag Düsseldorf 1977[2]

Glaube und Zukunft, Kösel-Verlag München 1971[2]

Demokratie in der Kirche. Möglichkeiten, Grenzen, Gefahren (gemeins. mit Hans Maier), Lahn-Verlag Limburg 1970

Die Situation der Kirche heute — Für das Endgültige entschieden (gemeinsam mit Kardinal J. Höffner), Wienand Köln 1970

Zwei Plädoyers. Warum ich noch ein Christ bin. Warum ich noch in der Kirche bin (gemeinsam mit Hans Urs v. Balthasar), Kösel-Verlag München 1971

Die Einheit der Nationen. Eine Vision der Kirchenväter, Pustet-Verlag Salzburg/München 1971

Die Hoffnung des Senfkorns. Betrachtungen das Jahr hindurch, Kyrios-Verlag Meitingen/Freising 1973

Dogma und Verkündigung, Wewel-Verlag München/Freiburg 1973

Die Frage nach Gott (Quaestiones disputatae Bd. 56), Herder-Verlag Freiburg 1973[3]

Das Heil des Menschen. Innerweltlich — christlich (gemeinsam mit Ulrich Hommes), Kösel-Verlag München 1975

Der Gott Jesu Christi. Betrachtungen über den Dreieinigen Gott, Kösel-Verlag München 1977[2]

Mit der Kirche leben (gemeinsam mit Karl Lehmann), Herder-Verlag Freiburg 1977

Die Tochter Zion. Betrachtungen über den Marienglauben der Kirche, Johannes-Verlag Einsiedeln 1977

Eschatologie — Tod und ewiges Leben (Kleine katholische Dogmatik, Bd. 9), Pustet-Verlag Regensburg 1977

Kirche aus lebendigen Steinen. Herausgegeben von Walter Seidel, Matthias-Grünewald-Verlag Mainz 1975. Der Beitrag „Der Geist baut die Steine" (in unserem Buch Seite 79/80) ist dem von Seidel herausgegebenen Werk entnommen.

Fotonachweis

Alle Aufnahmen in diesem Band sind von Albert Hermann Ruf mit Ausnahme von Abbildung Seite 9 (Dieter Nubler, Regensburg), Seite 11 (Karl Wagner), Seite 20, 21 (Felici, Rom), Seite 49, 63 (Gustl Tögel, München), Seite 55, 56, 58, 64, 67 (Familienbesitz).

Inhalt